Mitten ins Blau

Unser Leben auf einer Insel in der Ägäis

Teil 1 und 2

Klaus Hüttemann

AF206843

www.mitten-ins-blau.jimdo.com

Bibliografische Information der Deutschen Nationalbibliothek: Die Deutsche Nationalbibliothek verzeichnet diese Publikation in der Deutschen Nationalbibliografie; detaillierte bibliografische Daten sind im Internet über dnb.dnb.de abrufbar.

Herstellung und Verlag:
BoD – Books on Demand, Norderstedt

ISBN: 9783746098357

Umschlaggestaltung:
Ute Klemme-Hüttemann

www.mitten-ins-blau.jimdo.com

Prolog

Ein Frühling wie immer. Der kurze Winter ist vorbei, die Temperaturen steigen und die Insel Leros erwacht aus ihrem Winterschlaf. Strände, Restaurants und Geschäfte werden herausgeputzt und warten auf die Touristen.

Meine kleine Familie und ich leben nun schon seit mehreren Jahren auf dieser wunderbaren Insel.

Irgendwie ist jedoch alles anders als in den vergangenen Jahren. Das Gespenst der Wirtschafts- und Finanzkrise geht um. Wieder einmal hat sich die Krise wie ein Schleier über die Insel gelegt. Neue Zahlungen der EU sind beschlossen, doch werden sie dem Land und seinen Menschen langfristig wirklich helfen?

Die Krise ist kaum mehr in den Schlagzeilen zu finden. Flüchtlinge und das kritische Verhältnis zu der Türkei sind das vorherrschende Thema der Medien.

Leros ist zu einer der größten Flüchtlings-Anlaufstellen in der Ägäis geworden und die Nähe zur Türkei lässt alte, längst vergangen geglaubte, Ängste wieder aufleben.

Die Einwohner sind ruhig, ungewöhnlich ruhig. Wie die Maus vor der Schlange. Wie wird im fernen Brüssel entschieden, wie kommt das Land mit den Flüchtlingen und den abstrusen Plänen Erdogans zurecht?

Sicher, es wird weitergehen. Aber wie?

In den vergangenen Jahren haben wir die Menschen auf der Insel kennen und lieben gelernt. Sie haben aber ihre, von uns immer bewunderte, traditionelle Leichtigkeit verloren.

Was bedeutet das für mich und meine Familie? Müssen wir in der Zukunft die Zelte abbrechen oder gibt es eine langfristige Lösung?

Mitten ins Blau

Teil 1

Kapitel 1

Es war ein ganz normaler Freitag. Wochenende, Zeit für die Familie und für Aktivitäten außerhalb des normalen Alltags.

Der Alltag bestand aus dem ganz normalen Wahnsinn einer kleinen Werbeagentur. Kundengespräche, Entwürfe erstellen, über die geschmacklichen Vorstellungen der Kunden diskutieren, gemeinsame Strategien und Ziele entwickeln und natürlich dem üblichen Papierkram.

Dieses Wochenende war geprägt durch Aktivitäten in der Waldorfschule. Wenn man sein Kind auf diesen, für manchen fragwürdigen, Bildungsweg geschickt hat, muss man damit rechnen, dass das Wochenende mit anderen Dingen als Haus- und Gartenpflege, Bummeln oder anderen schöngeistigen Aktivitäten verbracht werden kann.

Lange vorbereitet, einigermaßen gut geplant und voller Motivation sollte an diesem Freitag und Samstag der Musik- und Veranstaltungsraum verschönert, sprich gestrichen werden.

Weiß wäre zu langweilig, zu einfach und passt nicht in die Philosophie von Steiners Erben. Pastelltöne waren beschlossen, Wickeltechnik war notwendig.

Der Ablauf war klar: die weiblichen Akteure waren für den unteren, die wenigen männlichen Aktivisten für den oberen Wandbereich zuständig.

Vertieft in den gleichmäßigen Auftrag des rotbraunen Grundfarbtons stand ich in schwindelerregender Höhe auf der Leiter. Herrlich, den Gedanken nachhängen und trotzdem noch zu sehen, was man mit den Händen alles so schaffen kann.

Die Tür zum Saal ging auf und meine Frau kam eiligen Schrittes auf mich zu. Eigentlich hatte ich noch nicht mit ihr gerechnet, denn der Wochenendeinkauf stand auf ihrem Programm. War aber, wohl aus einem wichtigen Grund, verschoben worden.

»Ich hab's, ich habe es gefunden«. Dieser Ausruf ist in die Familiengeschichte eingegangen. Mit einer Zeitschrift wedelnd, registrierte ich die plötzliche Anwesenheit meiner Frau mit der mir eigenen Gelassenheit und strich die Farbe meines gerade gefüllten Pinsels gelassen aus.

Die Hartnäckigkeit und die ständige Wiederholung des Ausspruchs ließ mich dann doch nicht ruhen und ich stieg aus der besagten Höhe hinunter, um mich der Neuigkeit zu stellen.

Die Zeitschrift »Schrot & Korn« war mir ein Begriff. Eine Zeitschrift, die in Bioläden ausliegt. Für mich allerdings nicht der Inbegriff einer Informationslektüre. Das Interesse stieg in dem Moment, als meine Frau die Seite mit den Kleinanzeigen aufschlug und auf eine von ihr markierte Stelle zeigte.

Zwischen Kleinanzeigen für die neueste Bio-Hautcreme und Selbstfindungskursen in der Toskana erweckte die markierte Anzeige »Haus auf Leros, Griechenland zu verkaufen« sofort meine Aufmerksamkeit.

Die mir bekannte Ungeduld meiner Frau in manchen Dingen zwang mich, meine kreativen Malerarbeiten sofort zu unterbrechen.

»Wo ist Leros?« fragte meine Frau. »Du warst doch schon mal in Griechenland.« Meine Antwort, es nicht zu wissen, stellte sie allerdings nicht zufrieden. Ich kann aber auch nicht sagen, dass mich meine Antwort auf diese Frage zufrieden gestellt hat. Eine gewisse Neugierde hatte mich ergriffen.

Was tun? In dem noch nicht fertiggestellten Saal der Waldorfschule würden wir die Antwort wohl kaum finden. In unserem Büro, das natürlich auf dem technisch neuesten Stand war, auch nicht. Außerdem hätte das, zumindest hin und zurück, eine gute Stunde unserer, in diesem Moment sehr kostbaren Zeit gekostet.

Also, schnell nach Hause, um so schnell wie möglich heraus zu finden, wo diese Insel Leros in Griechenland liegt.

Während der Fahrt kamen vergangene Erlebnisse hoch.

Die vielen Reisen mit den unvergesslichen Erinnerungen an die unterschiedlichen Kulturen und den vielen interessanten Menschen, mit denen wir teilweise immer noch in Kontakt standen. Immer auch von dem Wunsch getrieben, irgendwann das gewohnte Deutschland zu verlassen und vielleicht irgendwo auf der Welt ein neues Zuhause zu finden.

Ein Jahr zuvor hatten wir versucht, auf Mallorca eventuell eine neue Alternative zum Leben in Deutschland zu finden. Bei der Besichtigung der uns angebotenen Häuser, oder waren es teilweise nur noch intakte Ställe, wurde unser Traum aufgrund der horrenden Preise und unseres zur Verfügung stehenden Budgets schnell zerschlagen.

So kam mir die Sache mit einem günstigen Haus auf Leros gerade recht. Die Erinnerungen an meinen ersten Urlaub in Griechenland kamen wieder in den Sinn. Mit langen Haaren, wenig Geld und viel Entdeckerdrang hatte ich in den Siebzigern eine sechswöchige Reise in dieses wunderbare Land gemacht.

Die Bilder von Athen mit der berühmten Akropolis, Kreta mit der unverwechselbaren Landschaft, traumhaften Buchten und der damaligen Hippie-Hochburg Matala, hatten unvergessliche Bilder in mir hinterlassen.

Farben schossen mir durch den Kopf. Blau wie das Meer. Weiß wie die Häuser. Bunt wie die Trachten der traditionellen Tanzgruppen und natürlich Sirtaki. Wir standen alle noch unter dem Eindruck des Filmes »Alexis Sorbas« mit Anthony Quinn und dem legendären Tanz »Zorba the Geeek«

Bei dieser Träumerei waren meine Frau und ich sehr schnell in unserem Zuhause angekommen. Da uns hier jedoch kein Internet zur Verfügung stand, blieb nur eine Möglichkeit der geografischen Lage der Insel auf die Spur zu kommen. Der altgediente DIERCKE-Atlas musste für die erste Recherche herhalten.

Tatsächlich, es gab diese Insel. Irgendwo inmitten des Dodekanes fanden wir auf der großen Übersichtskarte, zwischen den Inseln Kos und Samos, einen kleinen Flecken namens Leros. Aussagekräftig und imposant sah es jedenfalls nicht aus. Unseren Tatendrang hatte es jedenfalls nicht eingeschränkt.

Der wurde allerdings schnell durch unseren Sohn Maximilian gebremst. Wie es bei einem siebenjährigen Kind so ist, hatte er schnell unsere Aktivitäten durchschaut. Kein Wunder, denn während seiner Waldorfkarriere mit Kindergarten und jetzt als Erstklässler hatte er mit uns die Welt kennengelernt.

Also mussten wir ihm detailliert den Grund unserer Aufregung erklären. »Ist das eine Insel und kann ich da auch in warmem Wasser baden?« waren seine ersten Fragen. Berechtigte Fragen, denn das Medium Wasser hatte seit seiner Geburt für ihn eine große Faszination.

Irgendwann hatte auch die Fragerei ein Ende und wir konnten uns wieder unserem Lieblingsthema widmen. »Du musst sofort da anrufen.« Meine Frau kam wieder auf den Punkt. Nach mehreren Versuchen, die in der Anzeige abgedruckte Telefonnummer zu erreichen, musste ich meine Bemühungen ohne Erfolg abbrechen.

Es war spät geworden, meinen nächsten Arbeitstag in der Schule konnte ich zumindest noch absagen. Es gab wichtigere Dinge zu erledigen. Zum Beispiel einen Reiseführer von Griechenland zu kaufen, um mehr über die Insel zu erfahren.

Der nächste Tag stand vollkommen im Zeichen der Informationsbeschaffung. Schnell das Frühstück beenden, aufräumen und dann begann die Jagd nach einem guten Reiseführer und weiterem Informationsmaterial.

Der Besuch in unserem Lieblings-Reisebüro war nicht von Erfolg gekrönt. Die Chefin, eine äußerst aktive und flexible Beraterin, kannte die Insel nicht und hatte in ihrem, durchaus reichhaltigen Sortiment, keine Kataloge mit Angeboten für die Insel Leros. Kreta, Rhodos, Mykonos, Kos und Santorini waren mit einer reichen Auswahl vorhanden. Jedoch standen diese Ziele für uns momentan nicht im Mittelpunkt unseres Interesses.

In der Innenstadt fanden wir eine Buchhandlung mit einem umfangreichen Sortiment an Reiseführern. Wieder das gleiche Spiel. Eine Vielzahl von Reiseführern zu den bekannten Orten Griechenlands.

Endlich, der Inhaber war von uns schon ein wenig genervt, empfahl er uns einen Reiseführer über alle Inseln Griechenlands. Beim Durchblättern der 500 Seiten fanden wir schließlich unter dem Bereich Dodekanes auch Leros.

Auf der Rückfahrt konnte meine Frau ihre Ungeduld kaum zähmen. Schnell verschaffte sie sich einen ersten Eindruck. Und der war nicht so, dass wir als Urlaubsprofis mit der entsprechenden Erfahrung das Gefühl hatten, diese Insel unbedingt bereisen, oder uns dort nach einem Haus umsehen müssten.

Beim nachmittäglichen Studium versuchten wir uns ein Bild von der Insel zusammen zu basteln. Es war von einer gigantischen Burg, von der italienisch geprägten Vergangenheit, dem größten Naturhafen der Ägäis und von einer Psychiatrie die Rede.

Von den insgesamt sechs Seiten widmeten sich zwei ganze Seiten diesem Thema. Die Historie der Psychiatrie, und das war eine nach unserem Verständnis schreckliche, wurde in allen Facetten beleuchtet.

Dieser umfangreiche Bericht, die wenigen Bilder und der wenig informative Text stellten unser Informationsbedürfnis in keinster Weise zufrieden.

Der wichtigste Hinweis war jedoch die kurze Beschreibung zu der Erreichbarkeit dieser Insel. Leros verfügte über einen Flughafen, der von Athen aus angeflogen wurde. Das war zumindest eine positive Information und gab der ganzen Sache wieder neuen Schwung.

Eines hatte das Studium des Berichtes zur Folge: Eine Diskussion, ob eine Psychiatrie ein Grund ist, sich nicht auf Leros anzusiedeln.

Durch unsere liberale Erziehung, die vielen Reisen und humanistische Waldorferfahrung waren wir geprägt. In der Vergangenheit hatten wir viel Reichtum und Armut gesehen.

Es war und ist für uns ein Bestandteil unserer Einstellung, dass es nicht nur die Reichen und Schönen, sondern auch von Armut und Krankheit gezeichnete Menschen gibt.

Gab es für uns jetzt einen wichtigen Grund, unser erwachtes Interesse an dem Haus und der Insel zu verwerfen? Für uns war klar, dass wir diesen Aspekt mit der notwendigen Akzeptanz betrachten würden. Auf jeden Fall brauchten wir mehr Informationen.

Ein erster Schritt in diese Richtung war das Telefonat mit dem Eigentümer dieses Hauses. Am Nachmittag war es dann soweit. Eine sympathische Frau, zumindest der Stimme nach, meldete sich unter der angegebenen Telefonnummer. Bei dem folgenden Frage- und Antwortspiel kamen für uns wichtige Details heraus.

Das Haus gehörte zwei deutschen Familien, die vor langer Zeit das Haus zusammen gekauft hatten. Wie es dann durch Alter und Krankheit kommen kann, hatten sich in diesem Fall die beiden Parteien, aus welchen Gründen auch immer, verkracht oder zumindest Meinungsverschiedenheiten. Der Tod eines der Besitzers hatte dann zu dem Entschluss geführt, dass in diesem Fall die Tochter des Verstorbenen, den Verkauf des Hauses organisieren sollte.

Ihre Beschreibung des Objektes war zwar umfangreich, zu viele Fragen blieben jedoch unbeantwortet. Auch die Frage nach der Rechtmäßigkeit eventuell abzuschließender Verträge.

Ein Telefonat mit einem befreundeten Anwalt konnte zumindest diese Frage kompetent klären. Griechenland ist seit 1981 Mitglied der Europäischen Union und Verträge würden nach europäischem Recht abgeschlossen.

Nach langen Diskussionen über das Für und Wider, den Sinn oder Unsinn eines Hauskaufs in einem fast fremden Land, kamen wir zu dem Entschluss: Wir müssen auf die Insel – und das so schnell wie möglich!

Die terminliche Abstimmung unserer Reise nach Leros gestaltete sich nicht so einfach. Eine Menge organisatorischer Probleme mussten gelöst werden. Vorrangig ging es jedoch um einen Termin. Da wir uns seit je her durch eine große Spontanität, zumindest was das Reisen angeht, ausgezeichnet hatten, kam bei unserer Terminwahl nur das nächste oder übernächste Wochenende in Frage.

Die größte Hürde stellte allerdings unser Sohn dar. Seine Begeisterung für ein neues Abenteuer ließ sich nur schwer zügeln. Intern hatten meine Frau und ich beschlossen, die Ersterkundung zu zweit vorzunehmen. Unter aufbieten sämtlicher, uns zur Verfügung stehenden, Argumente konnten wir ihn für ein langes Wochenende bei Oma und Opa begeistern.

Das Reisebüro unseres Vertrauens bereitete, wie immer, sehr präzise unsere erste Reise nach Leros vor. Es sollte mit dem Flugzeug von Frankfurt nach Athen gehen und dann mit ein paar Stunden Aufenthalt weiter zum Flughafen von Leros.

In einem letzten Telefonat informierte ich unsere Hausverkäuferin von unseren kurzfristigen Plänen. Durchaus von unserer Spontanität begeistert, empfahl sie uns, mit einer Griechin namens Maria Kontakt aufzunehmen. Diese Dame sei uns bei allen Dingen auf Leros eine kompetente Ansprechpartnerin. Außerdem spreche sie ausgezeichnet deutsch.

Alle kleinen Hürden waren geklärt und wir konnten mit steigender Erwartung unsere Reise antreten.

Der Anflug auf Athen war schon etwas Besonderes. Mitten in der Stadt gelegen, konnten wir die Menschen auf den Balkonen sitzen sehen. Welch ein Unterschied zu dem Internationalen Flughafen von Frankfurt.

Das Flughafengebäude hatte schon bessere Zeiten erlebt. Die nicht mehr ganz dem neuesten Stand entsprechende Einrichtung hatte aber mit ihrer Einfachheit einen besonderen Charme. Immerhin konnten wir problemlos unsere D-Mark tauschen. Mit der griechischen Drachme, der Wechselkurs war für uns zum Vorteil, in der Tasche, fühlten wir uns gut, denn wir konnten damit in einheimischer Währung bezahlen.

Erstaunlicherweise funktionierte der Zwischenstopp problemlos und nach der angekündigten Wartezeit startete die zweimotorige Maschine pünktlich zu unserem 40minütigen Flug.

In relativ geringer Höhe flogen wir über das Ägäische Meer. Die Erinnerungen an meine Eindrücke von dem ersten Besuch dieses Landes wurden bestätigt. In dem Licht der fast untergehenden Sonne sahen wir die Inseln Mykonos und Naxos.

Die weiter gelegenen Inseln zogen in dem diffusen Licht an uns vorbei. Das Blau des Wassers und das Weiß der Häuser war einfach faszinierend und entsprach meinen Erinnerungen. Ich fühlte mich, als wäre ich auf dem Weg nach Hause.

Über die vorgelagerten kleinen und unbewohnten Inseln schwebte unser kleines Flugzeug im letzten Tageslicht der Landebahn entgegen.

Das goldgelbe Licht der untergehenden Sonne verwandelte das ruhige Meer, die Buchten mit den kleinen Fischerbooten und die grünen Hänge der Berge in ein, fast schon zu romantisches, Fotomotiv. Wir waren angekommen!

Der Vergleich mit dem Flughafen Frankfurt drängte sich wieder auf. Das kleine, in die Jahre gekommene Flughafengebäude, ließ sich nicht mit einem »richtigen« Flughafen vergleichen, aber dafür war die persönliche Atmosphäre deutlich zu spüren.

Der erfahrene Blick eines uns in Empfang nehmenden Taxifahrers hatte uns sogleich als Neuankömmlinge eingestuft, die Hilfe brauchten. Sein »Kalispera, do you need help?« war uns willkommen.

Wir hatten im Moment weder eine Idee, wie wir in das Zentrum der Insel kommen, noch wo wir die nächsten Tage bis zu unser Abreise übernachten sollten.

Der Grieche Nikos war sofort bereit uns zu helfen. Geschäftstüchtig wie er war, erklärte er uns in gebrochenem Englisch, dass er neben seinem Job als Taxifahrer auch noch Besitzer einer Pension sei, die in der Nähe von Agia

Marina lag.

Die Dunkelheit während der Fahrt zu seiner Pension ließ noch keinen Eindruck von der Insel zu. Soweit es unsere mangelnden Griechischkenntnisse und sein Englisch es zuließen, erfuhren wir aus erster Hand die wichtigsten Dinge. Das Wetter sei zwar, der Jahreszeit entsprechen, regnerisch, Leros sei eine schöne Insel, aber jetzt im Februar warte man noch auf die Touristen. Die würden aber erst im Juli und August, der Hauptsaison, erwartet.

Seine hochgelobte Pension stellte sich als sehr einfach heraus. Die Einrichtung war mehr zweckmäßig als unserem Verständnis von typisch griechisch entsprechend. Der Innenhof mit einigen Tischen hatte es uns jedoch angetan. Unter einer improvisierten Pergola mit griechischem Salat, Tzatziki, Oliven und dem ersten Retsina genossen wir den Blick über die mit Straßenlaternen umrandete Bucht von Alinda.

Der hell erleuchtete Hafen von Agia Marina war zu erkennen. Darüber leuchtete die in verschiedenen Farben angestrahlte, aus unserem Reiseführer bekannte, Burg. Irgendwo dazwischen musste der Grund unserer Reise liegen.

Nach einer kurzen, telefonischen Terminabstimmung mit unserer Kontaktdame Maria forderte die anstrengende Reise ihren Tribut und wir verbrachten eine unruhige Nacht auf quietschenden Betten.

Am nächsten Morgen, um 10 Uhr sollten wir zur Besichtigung des Hauses abgeholt werden.

Die Strahlen der aufgehenden Sonne trieben uns aus dem Bett. Heute war der Tag der Besichtigung.

Ein Tag, auf den wir nun drei Wochen gewartet hatten.

Kapitel 2

Pünktlich, wie wir erfahren sollten, keineswegs eine typische Eigenschaft der Griechen, trafen wir Maria an dem vereinbarten Treffpunkt. Eine aristokratisch aussehende Dame in fortgeschrittenem Alter stieg aus dem Auto und begrüßte uns herzlich in perfektem Deutsch.

Das »Du« war offensichtlich für uns Alle eine Selbstverständlichkeit. Die gegenseitige Sympathie erleichterte die ersten Momente des Zusammentreffens. Kein Wunder, bereits während der Autofahrt erzählte sie auf meine Frage, warum sie so gut deutsch spreche, sie sei Lehrerin auf einer deutschen Schule in unserer Heimatstadt gewesen. Die Schule, die auch meine Frau besucht hatte!

In Syrien geboren, in Ägypten aufgewachsen, in erster Ehe mit einem Deutschen und nun mit einem griechischen Anwalt verheiratet, waren nur einige Eckpunkte in ihrem internationalen Leben. Es konnte kein Zufall sein, diese Frau als Erste auf Leros zu treffen.

Die Fahrt nach Evangelismos, der Ortsteil von Platanos, in dem das zu verkaufende Haus lag, endete schon nach wenigen Minuten auf einem Parkplatz. Nur über einen Fußweg sei dieses zu erreichen. So hatten wir uns das vorgestellt. Enge Gassen mit Treppen, gesäumt von weiß gestrichenen Häusern, führten durch Evangelismos zu dem Haus.

Durch Marias »wir sind da«, konzentrierte sich unsere Aufmerksamkeit auf das vor uns liegende Gebäude. Noch etwas schnaufend, unsere Kondition war für die griechischen Verhältnisse noch nicht ausreichend, musterten wir die Hausfront, die sich durch eine Vielzahl von säulengestützten Handläufen auszeichnete.

Der Blick in den Innenhof sah schon etwas verlockender aus. Einige blühende Sträucher waren zu erkennen, die einen schönen Kontrast zu den weiß gestrichenen Wänden bildeten.

Unterdessen war Maria mit ihrem Schlüsselbund beschäftigt, um das kleine Tor zum Innenhof zu öffnen.

Mittlerweile schweißgebadet, verbunden mit leise vor sich hin gemurmelten Worten, die sich nicht sehr damenhaft anhörten, versuchte sie aus der Vielzahl der vorhanden Schlüssel den richtigen zu finden. Es gelang nicht. Unsere Hartnäckigkeit bewegte Maria, meinem Vorschlag folgend, einfach über das Tor zu klettern.

Nach dem Motto »Damen zuerst« boten wir ihr an, als Erste diese Kletterübung durchzuführen. Sie lehnte ab, denn die Sache an sich war ihr sicherlich schon peinlich genug. Also, sportlich wie ich immer noch war, überwand ich als Erster das Hindernis. Nach der Demonstration der Klettertechnik waren meine Frau und Maria der festen Überzeugung, es auch zu können. Meine Frau folgte und gemeinsam schafften wir es sogar, Maria Zugang zum Innenhof zu verschaffen.

Wir vereinbarten, uns zuerst mit einem schnellen Rundgang einen Überblick zu verschaffen, um dann ins Detail zu gehen. Das hatte allerdings bei dem zweigeschossigen Haus eine gewisse Problematik.

Wie bei vielen alten griechischen Häusern, so erklärte uns Maria, war der Zugang zu den einzelnen Zimmern nur von Außen möglich. Für uns, aus dem Kälte gewohnten nördlichen Europa, ein sehr ungewöhnlicher Zustand.

Die Zerstrittenheit der beiden Hausbesitzerparteien hatte in der Vergangenheit zu einer merkwürdigen Aufteilung beigetragen. Eine Partei hatte den unteren Bereich in Beschlag genommen, die andere den oberen.

Über eine, verhältnismäßig gewaltige, mit den besagten Säulen eingerahmte, Treppe gelangten wir auf die Terrasse. Der Blick verschlug uns den Atem. Die großartige Aussicht aus der Vogelperspektive auf die Bucht von Alinda, den geschäftigen Hafen von Agia Marina mit kleinen Fischerbooten und einer gerade angekommenen Fähre nahm uns unmittelbar für das Haus ein.

Die Besichtigung der Räume fiel dann etwas ernüchternd aus. Der Leerstand seit mehr als einem Jahr hatte sichtliche

Spuren hinterlassen. Die wenigen Einrichtungsgegenstände waren nicht nur mit Staub überzogen, sondern schlichtweg unbrauchbar.

Wir erkundeten die oberen drei Zimmer. Während ich mich mit der Prüfung der bautechnischen Elemente befasste, hatte meine Frau Ute mit ihrem Blick für Details, schnell einige interessante Fundstücke eindeckt.

Zeugen der wechselhaften Vergangenheit hatten ihre volle Aufmerksamkeit in Beschlag genommen. Eine deutsche Munitionskiste aus dem Zweiten Weltkrieg, eine fast schon antike Kanonenkugel und verstreut liegende, alte Werkzeuge zeugten von einer Sammelleidenschaft der letzten Bewohner.

Meine Begutachtung der baulichen Substanz verlief nicht so spannend, war aber nicht weniger interessant. Beeindruckend waren die fast ein Meter dicken Außenwände. Die Baumeister des Hauses hatten die Erfahrungen aus vielen Jahrhunderten genutzt, um die Räume im Sommer angenehm kühl und im Winter warm zu halten.

Mir gefiel die Verwendung der alten Materialien. In sich verzogene, sichtbare Balken und alte, massive Holzdielen bildeten die Deckenkonstruktion. Genau nach unserem Geschmack. In Deutschland lebten wir in einem alten Fachwerkhaus, das wir selbst renoviert hatten.

Bereits bei dem ersten Schnelldurchgang fiel mir eine Vielzahl von Dingen auf, die auf handwerkliche Bearbeitung warteten. Meine Frau kümmerte sich nicht um die technischen Dinge, sondern nutzte die Zeit sich die verschiedenen Räume in allen Details einzuprägen. Für die später zu erwartenden Überlegungen sehr wertvoll, da es für das Haus keine Pläne gab. Die waren im Verlauf der 120jährigen Geschichte des Objektes entweder nie erstellt worden, oder verloren gegangen.

In dem kleinen Garten trafen wir uns wieder. Da das Thema Garten für uns immer eine wichtige Rolle gespielt hatte, wir verfügten in unserem Haus in Deutschland über ein Grundstück eines halben Fußballfeldes, bildete dieser

Minigarten genügend Gesprächsstoff.

Marias, in steigendem Maße anzusehende Ungeduld, ließ uns jedoch relativ schnell wieder auf das Wesentliche zurückkommen. Die Besichtigung der Zimmer. Schnell waren wir uns einig, dass wir nach unserem ersten Rundgang wesentlich mehr Zeit brauchten.

Auf meine Frage an Maria, ob es möglich sei, am Nachmittag unsere Erkundung fortzusetzen, erschien sofort ein für sie typisches Lächeln auf ihrem Gesicht. Sie meinte, wir könnten das nach einer gemeinsamen Tasse Kaffee das sicher auch alleine bewerkstelligen. Auf dem Weg zu einem Café, wir hatten das verschlossene Gartentor mühelos überwunden, nahmen wir die Gelegenheit wahr, die unmittelbare Umgebung des Hauses in Augenschein zu nehmen.

Diese war jedoch etwas gewöhnungsbedürftig. Das Nachbargrundstück bestand aus einem großen Stein- und Geröllhaufen. Maria gab uns zur Erklärung einen kleinen Einblick in die wechselhafte Geschichte von Leros.

Im Zweiten Weltkrieg, zur Zeit der deutschen Eroberung der Insel, sei es bei den Kämpfen zwischen Deutschen und Italienern zu der Zerstörung vieler Häuser gekommen. Besonders unser Ortsteil, direkt unterhalb der Burg gelegen, hatte unter dem intensiven Beschuss gelitten.

Ein leichtes Unbehagen ergriff uns. Wie würden unsere einheimischen Nachbarn auf uns Deutsche reagieren? Wir beschlossen, der Sache auf den Grund zu gehen. Bei der nächsten sich bietenden Gelegenheit würden wir unseren direkten Nachbarn fragen.

Auf dem Marktplatz von Platanos, dem Hauptort der Insel, empfing uns eine typisch griechische Atmosphäre. Rings um eine Plantane gruppierten sich verschiedene kleine Geschäfte, eine kleine Markthalle, das imposante Gebäude des Bürgermeisters und zwei Kafenions. Geschäftiges Treiben, mit für uns lauter und unverständlicher Unterhaltung. Ägäisches, pulsierendes Leben machte den Reiz dieses Platzes aus.

Störend war nur der Motorradlärm. Für mich passte das

nicht in mein hellenisches Bild. Die Esel waren wohl in meiner Abwesenheit gegen Motorräder ausgetauscht worden.

Bei einem starken Kaffee gab uns Maria den ersten Nachhilfeunterricht in der lokalen Denk- und Lebensweise.

Ein gut situierter Einheimischer würde sich kaum für das Haus interessieren. Es hatte lange leer gestanden, lag an einem langen, mit vielen Stufen versehenen Fußweg und war somit für einen »modernen Griechen« ohne die Erreichbarkeit mit einem Motorrad, oder gar einem Auto, völlig indiskutabel.

Er träumt von modernen Dingen. Von einem gefliesten Wohnbereich, Kunststofffenstern, die auch noch dicht sind, einer nach ergonomischen Gesichtspunkten eingerichtete Küche, einer multifunktionalen Klimaanlage, die nicht nur kühlt, sondern im Winter auch noch heizt und vor allen Dingen von modernster Elektrotechnik.

Alles Dinge, denen wir zu entfliehen versuchten. Wir wolten genau das Gegenteil zu dieser Anspruchspruchshaltung.

Offenbar war es gerade das nicht vorhandene Moderne, das uns bei dem Haus gefiel. Die Einteilung und die offensichtlich gute Substanz kamen unseren Vorstellungen entgegen. Wir hatten die Möglichkeit, unsere Ideen umzusetzen.

Marias Ungeduld führte zu einer kurzen Kaffeepause. Wir hätten diese Einführung gern weitergeführt. Ihr Ehemann, ein zwölfjähriger Sohn und ihr riesiges Grundstück mit Orangen- und Zitonenbäumen warteten jedoch auf sie. Wir verabredeten uns für den nächsten Tag in Alinda.

Auf dem Rückweg zu »unserem Haus« wählten wir eine steil ansteigende Gasse, die uns bereits vorher aufgefallen war. Ein mit weißer Farbe eingerahmter Weg mit endlos erscheinenden Stufen, führte uns durch den Ortsteil.

Baufällige Häuser wechselten sich mit herausgeputzten Gebäuden ab. Auf schiefen Balkonen flatterte Wäsche zum Trocknen, ältere Damen grüßten uns offen und freundlich mit einem »Kalimera«. Ein Gruß, der bis zur Mittagszeit seine Gültigkeit hat.

Sehr wohltuend und ungewohnt für uns Nordländer, die aus einer Kleinstadt kamen, die sich durch Anonymität auszeichnete. Vollkommen unmöglich, einen zufällig vorbeigehenden Menschen zu grüßen. Und dann noch einen Ausländer!

Zwischen den weiß getünchten Häusern hindurch führte uns der Weg weiter bergan. Die Anzahl der zerstörten Gebäude nahm zu. Der am Wegesrand verstreute Müll auch. Wohl in Ermangelung einer funktionierenden Müllabfuhr wurde der Müll sorglos auf oder in die zerstörten Häuser geworfen. Oder war es nicht nur die Sorglosigkeit mit dem Umgang des täglichen Abfalls?

Es herrschte offensichtlich ein anderes Verhältnis zur Umwelt. Von der uns bekannten Mülltrennung war man auf der Insel weit entfernt. Die Anhäufung von Plastiktüten, Flaschen und nicht mehr im Gebrauch befindlichen Gegenstände standen in einem starken Kontrast zu den gepflegten Häusern. Wir nahmen uns vor, bei der nächsten sich bietenden Gelegenheit Maria auch zu diesem Thema zu befragen.

Die zweite Besichtigung des Hauses fiel in einer etwas gründlicheren Form aus. Gemeinsam begutachteten wir die Räume unter dem Aspekt einer möglichen Renovierung. Die Nutzung war von meiner Frau gedanklich schon abgeschlossen. Der untere Bereich sollte der Wohn-Essbereich, der obere die Schlafzimmer werden.

Die Renovierung konnte nur mit einer umfangreichen Aufräumaktion beginnen. Zu viele, verstreut stehende und liegende, nicht brauchbare Gegenstände mussten entsorgt werden.

Magisch wurden wir immer wieder von der Terrasse angezogen. Der Platz, der uns besonders für das Haus einnahm. Immer wieder zog uns der fantastische Meerblick in seinen Bann. Die Hänge der gegenüberliegenden Berge leuchteten in einem saftigen Grün und standen in einem wunderbaren Kontrast zu dem tiefen Blau des ägäischen Himmels. Verstreut liegende Häuser rundeten das Bild ab. Wir waren von dem Gesamteindruck überrascht. So grün hatten wir uns die Insel nicht vorgestellt.

Während wir von der Schönheit des Ausblicks schwärmten, sahen wir in dem Nachbarhaus einen Mann, der uns fröhlich zuwinkte. Wir grüßten zurück und vereinbarten durch Zeichensprache, uns auf dem Weg zu treffen. Ein kleiner, sympathisch wirkender Mann mit Kugelbauch kam uns entgegen.

Sein Name sei Alex und das Nachbarhaus sei sein Eigentum, erklärte er uns in perfektem Englisch. Sofort begann eine lebhafte Unterhaltung. Innerhalb kürzester Zeit hatte er seinen gesamten Lebenslauf geschildert. Er sei zwar ein geborener Grieche, habe aber lange in Schweden gelebt und wolle seinen Ruhestand auf Leros verbringen. Nachdem wir ihm erläutert hatten, wir seien Deutsche und hätten Interesse, das Haus zu kaufen, war er nicht mehr zu halten.

Er kenne das Haus in- und auswendig und wir sollten uns das mit dem Kauf sehr genau überlegen. Das Haus sei feucht, mache krank und sei überhaupt in einem sehr schlechten Zustand. Das war eine Aussage, die wir bei unserer ganzen Träumerei nun wirklich nicht hören wollten!

Ich spürte förmlich, wie meine Frau innerlich zusammen zuckte. Für sie eventuell sogar ein Grund, die Besichtigung abzubrechen und unverrichteter Dinge wieder nach Hause zu fahren. Das Thema »Wasser im Haus« hat in unserer Verwandtschaft, und nicht nur dort, einen Stellenwert, der den Abbruch oder zumindest eine Totalsanierung zur Folge hat.

Ich sah das etwas gelassener. Ich bat Alex, uns den ganzen Umfang dieser Katastrophe genauer zu zeigen. Eine etwas optimistische Bitte, denn Alex musste das immer noch verschlossene Eingangstor überwinden. Wir hatten uns jedoch getäuscht. Wieselflink überwand er mit einem Lächeln das Tor, um dann sofort in den Wohnbereich zu stürmen.

Er zeigte uns die hintere, zum Berg gelegene Wand, die

mit einem undefinierbaren Material verkleidet war. Teilweise hatte sich das Material bereits von der Unterlage gelöst. Alex erklärte uns, hier sei die Ursache der Misere zu finden.

Die Erfahrung der Sanierung unseres alten Fachwerkhauses hatte mich gelehrt, dass solche Probleme zuerst analysiert und dann gelöst werden konnten. Beherzt riss ich einen Teil der Verkleidung zu Boden. Es kam eine wunderschöne Mauer aus Natursteinen zum Vorschein. Die Wand war trocken, die Verkleidung hatte jedoch eine Luftzirkulation komplett unterbunden. Kein Wunder, dass die Verkleidung vergammelt war.

Alex widersprach mir vehement, er wollte sein »fachliches« Urteil nicht zurücknehmen. Für mich war dieser Punkt jedoch so gut wie gelöst. Es stimmte schon, nach dem langen Leerstand roch es im ganzen Haus muffig. Das lag aber sicherlich auch daran, dass während dieser Zeit nie gelüftet wurde. Durch die geöffneten Türen und Fenster während unseres Aufenthaltes hatte sich die Luftqualität offensichtlich erheblich verbessert.

Wenn ich Alex schon nicht von meinem »Fachwissen« überzeugen konnte, war die Skepsis meiner Frau noch schwerer zu überwinden. Ich musste ihr versprechen nach unserer Rückkehr mit unserem Freund, ein ausgewiesener Fachmann auf diesem Gebiet, nach einer Lösung zu suchen.

Nach dieser kleinen Fachdiskussion hielt sich Alex erstaunlicherweise sehr bedeckt und zog nach kurzer Zeit von dannen. Allerdings nicht, ohne uns noch einen schönen Aufenthalt auf Leros zu wünschen. Bei Fragen konnten wir uns vertrauensvoll an ihn richten. Sollten wir das Haus kaufen, würde er uns gern bei allen damit verbundenen Problemen unterstützten.

Aber so weit waren wir noch nicht. Unsere Entscheidung, dieses Haus zu kaufen, war noch lange nicht gefällt.

Nach diesem kleinen Rückschlag beschlossen wir, die Besichtigung am nächsten Tag fortzuführen.

Unser Entdeckerdrang war noch lange nicht gestillt. Es galt, den Fischerort Panteli und Umgebung zu erkunden.

Enge Gassen und schmale Wege führten uns von Platanos bergab in Richtung Meer. Ein wunderbarer Blick eröffnete sich uns. Auf der linken Seite die Burg mit den weiß gestrichenen Windmühlen. Wohnhäuser und Restaurants säumten die kleine Bucht von Panteli. Die typisch griechischen Fischerboote, Khaikis genannt, lagen wie bunte Perlen an einer Kette im Hafen. In der Ferne konnten wir schemenhaft die türkische Küste erkennen.

Das blaue Wasser war durch den heftigen Südwind der vergangenen Tage sichtlich aufgewühlt. Schaumkronen und Gischt stoben über die Fluten und langgezogene, sich brechende Wellen erreichten den Strand.

Bei näherer Betrachtung hielt der Zustand des Strandes unseren Erwartungen nicht stand. Eine Unzahl von Plastiktüten, Flaschen und Müll jeglicher Art wurde durch die Wellen an Land getrieben und blieben auf dem Strand liegen.

Der nahende Sonnenuntergang und der scharfe Wind ließen die angenehmen Temperaturen des Tages schnell sinken. Dunkle Wolken trieben auf uns zu und wir suchten nach einer Taverne.

Direkt am Strand entdeckten wir schnell das einzige geöffnete Restaurant. In einer pitoresken Veranda sahen wir einige Männer an einem Tisch sitzen, die nach getaner Arbeit ein Glas Retsina tranken. Männer, die eine einfache, jedoch markante Persönlichkeit ausstrahlten. Vom Wetter gegerbte Gesichter und schwielige Hände deuteten auf ihren Beruf hin. Es mussten einheimische Fischer sein.

Die Tür klemmte etwas, wurde aber sofort von einem der Männer mit einem freundlichen »Jassas« geöffnet.

Die blauen Tische, blaue Stühle und Fischerutensilien an den Wänden strahlten eine Atmosphäre aus, die unseren Vorstellungen von einer griechischen Taverne entsprachen und in der wir uns sofort wohlfühlten.

Imposant und ebenso wichtig war ein in der Mitte des

Raumes stehender Holzofen, der eine beachtliche Wärme ausstrahlte. Das Ofenrohr führte durch den gesamten Raum, um dann irgendwo draußen gen Himmel zu streben. Eine verwegene, aber wunderbare Konstruktion.

Ein Mann mit Halbglatze und trotzdem längeren Haaren kam auf uns zu, um uns nochmals zu begrüßen. Er sei Zorbas, der Koch und Besitzer des Restaurants und freue sich über unseren Besuch.

Es war unschwer zu erkennen, dass wir keine Einheimischen waren und so forderte er uns in Englisch auf, doch direkt neben dem Ofen Platz zu nehmen. Ein herrlicher, leider etwas verqualmter, Platz mit Wärme im Rücken und einem Blick auf das mittlerweile tosende Meer. Die Wellen schlugen bis vor die verglaste Veranda und der Regen peitschte gegen die Fensterscheiben.

Ohne auf unsere Bestellung zu warten, kam er mit zwei randvoll gefüllten Gläsern Ouzo auf uns zu. Er meinte, wir sähen so aus, als könnten wir den gebrauchen. Verwundert schauten wir uns an – hatte der erste Besichtigungstag auf der Insel uns so mitgenommen, dass man uns das ansah?

Die Nahrungsaufnahme war an diesem Tag sehr vernachlässigt worden, es gab ja schließlich Wichtigeres zu tun. Mit einem Grinsen auf dem Gesicht beantwortete Zorbas unsere Frage, ob er auch etwas für uns zu essen habe. Mit den Worten »Kommt mal mit« führte er uns in die Küche.

Eine blitzblanke, mit professionell aussehenden Gerätschaften einer modern ausgestatteten Kochstätte und sauberen Arbeitsplätzen empfing uns. Das hatten wir nicht erwartet. Welch ein Unterschied zu dem Gastraum mit der waghalsigen, improvisierten Ofenkonstruktion.

Zorbas zählte auf, was er alles zu bieten habe, öffnete Kühlschränke mit frisch gefangenem Fisch und hob die Deckel von verschiedenen, mit köstlich duftenden Speisen gefüllten Töpfe.

So hatten wir uns das vorgestellt, denn ich hatte meiner Frau bei meiner Schilderung der griechischen Lebensweise immer davon vorgeschwärmt.

Welch ein Unterschied zu den deutschen Restaurants. Unvorstellbar, in die Küche geführt zu werden, um die Speisen auszusuchen! Warum eigentlich?

Wir konnten uns nicht entscheiden und baten Zorbas, uns mit der Auswahl der Speisen zu überraschen. Seiner Kreativität seien keine Grenzen gesetzt. In der Zwischenzeit war auch ein weiterer Tisch besetzt. Verwundert stellten wir fest, dass die Bestellung der beiden Griechen kein Ende nehmen wollte.

Unser Tisch füllte sich bereits nach kurzer Zeit. Von diversen Vorspeisen, Tzaziki, über Meeresfrüchte bis hin zu gebratenem Fleisch war alles vorhanden. Wer sollte das alles essen?

Wir signalisierten Zorbas, dass es für uns jetzt genug sei und verspeisten die Köstlichkeiten. Der Nachbartisch füllte sich ebenfalls. Jedoch wurde dem, im Gegensatz zu uns, kein Einhalt geboten. Wir fragten uns ernsthaft, ob zwei Menschen so viel essen konnten.

Nach dem Essen, wir hatten schon wieder einen Ouzo auf Kosten des Hauses bekommen, fragten wir Zorbas, ob es üblich sei so viel zu bestellen. Er schmunzelte und erklärte uns, das sei noch gar nichts. Es sei durchaus normal, viele verschiedene Speisen zu bestellen, aber von jeder nur ein bisschen zu essen.

Erst recht, wenn andere Familien oder Geschäftsfreunde eingeladen seien, zeige man gern durch eine Unmenge an Gerichten, dass man es sich leisten konnte. Der üppige Rest gehe dann zurück.

Merkwürdig und nicht verständlich für uns zu sehen, dass die nur wenig geleerten Teller zurückgingen. Die reichlich anwesenden Katzen hatten ihre kulinarische Freude an dem festlichen Mahl.

Es war ein interessanter und kurzweiliger Abend. Die Männer, es waren tatsächlich Fischer, und Zorbas setzten sich zu uns an den Tisch.

Fast alle sprachen zumindest ein wenig Englisch. Erstaunt fragten sie uns, was uns in dieser Jahreszeit nach Leros verschlagen habe. Touristen auf der Insel zu treffen, sei im Februar so gut wie unmöglich. Und dann noch Deutsche.

Als wir den Grund unseres Aufenthaltes preisgaben, schauten wir in ungläubig schauende Gesichter. Hier auf Leros ein Haus kaufen zu wollen, lag vollkommen außerhalb ihres Verständnisses.

Warum denn nicht auf Mykonos, Kos oder anderen Inseln? Als wir Ihnen die Umstände erklärten, die Schönheit der Insel lobten und die Aufgeschlossenheit der Menschen, wandelte sich das Unverständnis in wohltuende Zustimmung.

Eindeutiger Tenor: Klasse, dass sich Menschen wie wir, aus einem »Paradies« kommend, ausgerechnet für diese Insel entschieden hatten. Für uns war eigentlich noch Nichts entschieden, aber das behielten wir für uns.

Jeder aus der Runde der Griechen hatte einen Verwandten, oder zumindest einen Bekannten, der sein Glück in Deutschland gefunden hatte. Deshalb wohl auch das positive Bild der Deutschen. Unter dem Motto, jeder Deutsche ist reich oder zumindest diejenigen, die auf der Suche nach einem Haus auf diese Insel kommen.

Das war jedoch für mich Anlass genug, mit diesem Vorurteil aufzuräumen. Sicher, wir hatten durch unseren Beruf ein gesichertes Einkommen, aber ich berichtete von unserer täglichen Arbeit, die uns wenig Spielraum für Freizeit und Erholung lies und uns das Geld nicht, wie in einem Paradies, in die geöffneten Hände fiel.

Diese Argumentation gefiel den Fischern. Sie berichteten von ihrem Beruf. Abhängig von den saisonalen Bedingungen, sei der Fischfang eine sehr unsichere Einkommensquelle. Wirklich ertragreiche Tage seien selten. Man wisse auch nicht immer, wie die Familie im nächsten Monat über die Runden zu bringen sei.

Für uns verständlich, denn wir erlebten gerade ein tosendes Meer, das nicht dazu einlud, zum Fischen hinaus zu fahren.

Nach mehreren Retsina, das erste Glas schmeckte wieder

merkwürdig nach Harz, danach umso besser, verlangten wir nach der Rechnung. Zorbas machte sich nicht die Mühe, unsere Rechnung zu erstellen und verlangte lächelnd 2.500 Drachme.

Das konnte nach unserem Gefühl für die Vielzahl der Speisen und Getränke nicht passen, denn es waren umgerechnet lediglich 14 DM.

»Doch, doch, das sei nun mal nicht teurer« meinte er und stellte uns noch einen kleinen griechischen, tiefschwarzen Kaffee auf den Tisch.

Eine Quittung bekamen wir nicht.

Kapitel 3

Der nächste Tag war unser letzter auf unserer Besichtigungsreise und wurde von vielen Terminen geprägt. Das Programm war lang.

Zunächst nochmals der Weg zu dem Haus, um die gestrigen Eindrücke und daraus entstandene, nicht geklärte Details, in Augenschein zu nehmen. Und dann stand auch noch eine Inselrundfahrt an. Um unser Gesamtbild abzurunden, war es für uns zwingend notwendig, die Insel zumindest oberflächlich, zu erkunden. Zum Abschluss hatten wir uns auch noch mit Maria verabredet.

Um dieses Programm durchführen zu können, mieteten wir uns schnell und unkompliziert ein Auto. Eine Übersichtskarte und verschiedene Broschüren über die Insel hatten wir in einem »ALLESundNICHTS-Laden« gefunden. Sogar ein kleines Heft in deutscher Sprache.

Bereits beim ersten Durchblättern bekam meine Frau einen Lachanfall. Der Text entsprach in Wortwahl und Aufbau dem Sprachstil eines Vorschulkindes. Mit umständlichen Formulierungen, etlichen Fehlern und komplett falschen Sätzen versehen, war diese Lektüre ein guter Grund zum Lachen.

Durch unsere tägliche Arbeit mit der Erstellung hochwertiger Magazine waren wir allerdings auch etwas voreingenommen. Immerhin konnten wir uns, selbst bei der schlechten Druckqualität, einigermaßen über lohnende Ziele informieren.

Die erneute Besichtigung des Hauses, es sollte die letzte sein, bestand in einer genauen Bestandsaufnahme. Wir versuchten, das Für und Wider in den Griff zu bekommen. Alle Details wurden fotografiert, vermessen und katalogisiert, um für weitere Pläne eine Grundlage zu haben.

Merkwürdigerweise sprachen wir schon von »unserem Haus.« War der Funke bei uns schon übergesprungen? Hatte der erneute Blick auf das Meer seine Wirkung erzielt?

Klar war für uns, dass ein Haus nicht nur nach seiner Substanz, seiner Lage und den zu erwartenden Investitionen zu bewerten war, sondern entscheidend war in gleichem Maße das soziale Umfeld und der Gesamteindruck der Insel.

Unausgesprochen schienen wir uns jedoch einer Entscheidung zu nähern. Die anschließende Erkundung der Insel sollte weitere Klarheit bringen.

Die erste Etappe der Inselrundfahrt führte uns nach Lakki, der Stadt am größten Naturhafen der Ägäis. Bei der Fahrt durch die hügelige Landschaft säumten bewirtschaftete, grüne Flächen mit vereinzelt liegenden Häusern unseren Weg. Schon in der Ferne war die ausladende Bucht von Lakki zu erkennen. Wir hatten in der Vorbereitung bereits von der italienischen Vergangenheit dieses Ortes gelesen.

Während der italienischen Besatzungszeit, die 1912 begann, wurde die Insel zu einem Militärstützpunkt und die tiefe, windgeschützte Bucht von Lakki zu ihrem bedeutendsten Marinehafen ausgebaut. Die von den Italienern errichteten Kasernen, Lagerhallen und Hangars für Wasserflugzeuge säumen die Bucht.

Lakki, der Hauptort wurde komplett abgerissen und in einem, für diese Zeit vollkommen neuen, Stil erbaut.

Am Reißbrett konstruiert, errichteten die Italiener eine schachbrettartige Stadt mit breiten, gerade gebauten Straßen. Die Bebauung mit teilweise großen, überdimensioniert erscheinenden Gebäuden, kleineren Geschäften und Wohnhäusern erfolgte im internationalen Baustil, der sich durch symmetrische Formen, kubische Baukörper und lange Fensterfronten auszeichnet.

Wir kannten diesen Stil aus der Literatur und der ostdeutschen Stadt Dessau und waren uns sofort in der Beurteilung einig. Die Stadt mit ihrem strukturierten Aufbau passte nicht nach Griechenland.

Platanos und Agia Marina, mit den engen Gassen und traditionell gewachsener Struktur, gefielen uns erheblich besser.

Bei einem Spaziergang auf der endlos langen, mit Palmen

gesäumten Uferpromenade, hatten wir nicht den Eindruck auf einer griechischen Insel zu sein. Der starke Kontrast zwischen den uns bekannten Orten Platanos, dem pittoresken Fischerhafen Panteli, Agia Marina mit dem urbanen Leben und dieser, synthetisch anmutenden Stadt, war einfach zu gravierend.

Insgesamt war unser Eindruck, auch durch zahlreiche zerfallene oder schlecht renovierte Häuser, nicht positiv für die Gesamtbewertung der Insel. Die Weiterfahrt an der Küste entlang entschädigte uns jedoch schnell. Die Küstenstraße schlängelte sich durch Pinienwälder, an einsamen Buchten vorbei ins Gebirge. Wir entdeckten eine andere, sehr ländliche Seite von Leros.

Die Regenfälle des Winters hatten die Berghänge in ein sattes Grün verwandelt. Immer wieder versperrten Ziegenherden unseren Weg. Die griechischen Schäfer freuten sich offensichtlich über die unverhoffte Abwechslung in ihrem eintönigen Alltag. Freundliches Winken leitete uns immer wieder durch die Menge der Vierbeiner.

Fasziniert von der zerklüfteten Steilküste entfernten wir uns immer weiter von den bewohnten Bereichen. Ländliche Stille, der Blick zu den entfernt liegenden Inseln des Dodekanes und das im abendlichen Licht sich verfärbende Meer überzeugte uns von der Schönheit der Insel.

Der abschießende Besuch bei Maria führte uns ein in die private griechische Lebenswelt. Bei einer köstlichen Mousaka erhielten wir Einblicke in die soziale Struktur der Insel.

Maria klärte uns über die geschichtlich gewachsene Entwicklung der Insel auf. Die jüngste Vergangenheit sei durch die Psychiatrie entscheidend geprägt. Von den achttausend Einwohnern waren mehr als zweitausend Menschen in dieser Anstalt beschäftigt. Das gesicherte Einkommen führte zu einem relativen Wohlstand der Insel. Handwerker, Geschäfte und Lieferanten profitierten seit Jahren von der Versorgung der mehr als zweitausend Patienten.

Das führte aber auch zu einer Vernachlässigung des Tourismus. Im Gegensatz zu den Nachbarinseln Kalymnos,

Samos oder Kos wurden nur wenige Aktivitäten zur Steigerung der Besucherzahlen unternommen. Man war allgemein mit der Situation und einer relativen Anonymität zufrieden.

Wir hatten uns bereits gewundert, dass diese Insel mit ihrer offensichtlichen Attraktivität, der intakten Infrastruktur und einer recht guten Erreichbarkeit noch nicht für den Tourismus entdeckt wurde.

Auf die unrühmlichen Umstände innerhalb der Psychiatrie angesprochen, erklärte uns Maria, durch den Beitritt zur EU und dem damit verbundenen Austausch von Fachleuten auf diesem Gebiet, habe sich die Situation erheblich verbessert.

Der Abend ging leider zu schnell vorbei. Gern hätten wir uns noch intensiver über die Geschichte, die Menschen und die Lebensgewohnheiten der Einheimischen unterhalten, aber es war spät geworden und am nächsten Tag mussten wir zurückfliegen.

Auf dem Flug hingen wir unseren Gedanken nach. Ein für uns ungewöhnliches Schweigen breitete sich aus. Unausgesprochen wusste jeder, welche Gedanken es waren, die verarbeitet werden mussten. Zu viele Eindrücke waren in unseren Köpfen. Und jede Menge Fragen. Bis zur Landung in Athen und dem Weiterflug nach Düsseldorf hatten wir dann doch noch genügend Gelegenheit, unsere Gedanken auszutauschen und die vielen Fragen zu diskutieren.

Das Haus hatte uns, trotz aller baulichen Mängel, durch die Gestaltungsmöglichkeiten und den fantastischen Meerblick überzeugt. Besonders gefiel uns die alte Bauweise mit den extrem dicken Außenwänden, den im Verhältnis dazu kleinen Fenster mit Klappläden und die zentrale Lage. Es als Feriendomizil umzubauen und nach unserem Geschmack einzurichten war eine willkommene Aufgabe, die wir in den nächsten Jahren, jeweils in den Schulferien, gern bewältigen wollten.

Der erste, wenn auch zu kurze, Eindruck von der Insel war selbst mit unseren kritischen Augen im Wesentlichen positiv. Die für mediterrane Verhältnisse üppige Vegetation, die hügelige Landschaft, die gewachsene Struktur der Dörfer und das türkisblaue Meer hatten ihren Reiz.

Für uns allzeit besorgten Eltern eines noch kleinen Sohnes war es wohltuend zu wissen, dass im Notfall auch ein recht gut ausgestattetes Krankenhaus zur Verfügung stand. Auch die Anreise mit dem Flugzeug oder alternativ mit Fähre von Piräus, war zwar aufwändig, aber für eine Insel, die nicht über einen internationalen Flughafen verfügt, durchaus erträglich.

Der ausschlaggebende Aspekt war für uns die Warmherzigkeit der Menschen, die wir in den vergangenen Tagen kennengelernt hatten. Obwohl die Deutschen in der Vergangenheit nicht zu übersehende Spuren hinterlassen hatten, war von Distanz oder gar Feindseligkeit nichts zu spüren. Auch bei den Begegnungen mit älteren Griechen, die die Besatzungszeit miterlebt hatten, empfing uns eine Freundlichkeit, die uns teilweise beschämte.

Es war nicht einfach, vor einem von deutschen Besatzern zerstörten Haus zu stehen und mit einem älteren Mann über die Ursachen dieser Zerstörung zu sprechen. Seine Verwandten waren in dem Bombardement umgekommen. War die uns trotzdem entgegen gebrachte Freundlichkeit dieses Mannes ein Ausdruck einer großen Toleranz, oder seine besondere Art von Vergangenheitsbewältigung?

Obwohl wir auf unseren Reisen häufiger mit ähnlichen Verhältnissen konfrontiert worden waren, hatten wir ein schlechtes Gewissen. Warum eigentlich? Es hatte wohl mit unserer Erziehung zu tun.

Die grundsätzlichen Fragen nach dem Sinn oder Unsinn eines Ferienhauses, warum ausgerechnet in Griechenland, würden wir uns wohlfühlen und wie würden wir mit der griechischen Mentalität zurechtkommen, versuchten wir auf dem Flug durch intensive Gespräche zu klären.

Im Landeanflug auf den Flughafen waren wir uns einig: Wir kaufen das Haus auf der griechischen Insel Leros.

Nieselregen empfing uns. Temperaturen knapp über dem Gefrierpunkt ließen uns frösteln. Wo waren die Farben?

Das Blau des Meeres, das Weiß der Häuser? Die würzige, nach frischem Grün und Meer riechende Luft?

Wir waren wieder in Deutschland! Zuerst hatten wir unserem Sohn einen ausführlichen Bericht abzustatten, der auf die zu erwartende, freudige Zustimmung stieß. Diese Begeisterung war bei Verwandten und Bekannten, denen wir von dem Hauskauf und unseren Plänen berichteten, nicht vorhanden.

»Habt ihr euch das auch gut überlegt«, »Warum ausgerechnet in Griechenland«, »An der Nordsee ist es doch auch schön«, waren die ersten Reaktionen, die wir mit einiger Verwunderung zur Kenntnis nahmen.

Sonderbar, da ist man im fortgeschrittenen Alter, hat eine Familie gegründet, führt ein kleines Unternehmen, bewirtschaftet ein Haus mit riesigem Garten und wird damit konfrontiert, ob man sich das auch gut überlegt habe!

Hatte das mit dem berühmten Blick über den Tellerrand zu tun? Möglich, denn wirklich ehrliche Zustimmung und Begeisterung erhielten wir nur von Freunden, die eine Weltreise hinter sich hatten und unsere Beweggründe nachvollziehen konnten.

Die Motivation, unser neues Projekt in Griechenland anzugehen, hatte durch die Reaktionen unserer Mitmenschen keinen Dämpfer bekommen.

Im Gegenteil! Die neue Perspektive gab uns den Schwung für die anstehenden Aufgaben.

Nach vielen widrigen Umständen und etlichen Verzögerungen gelang es uns tatsächlich ein Jahr später, den Vertrag zu unterzeichnen.

Kapitel 4

Die Jahre vergingen. Ein einfaches Muster bestimmte die Jahresplanungen. Arbeiten, Haus und Garten in Ordnung halten, das Aufwachsen unseres Sohnes begleiten und Pläne schmieden, was wir in dem nächsten Urlaub an und in unserem Haus auf Leros alles bewerkstelligen wollten.

Der Alltag dieses normalen Lebens wurde durch die Perspektive des anstehenden, nächsten Urlaubes geprägt. Wir lebten zwar in Deutschland, aber Leros entwickelte sich mehr und mehr zu unserem zweiten Wohnsitz. Besonders in den nassen und kalten Wintertagen drängten sich die Bilder, Erfahrungen und Erlebnisse der vergangenen Besuche und Arbeitseinsätze in den Vordergrund.

Zu diesen Erfahrungen gehörte zweifellos der Umgang mit der Bürokratie. Als gebürtige Deutsche hatten wir bestimmte Vorstellungen, was nach dem Erwerb eines Hauses an bürokratischen Dingen zu erledigen war. Diese wurden bereits während der Erstellung des Kaufvertrages korrigiert. Bei der Notarin, einer Empfehlung von Maria, die uns auch durch den Dschungel der griechischen Bürokratie helfen wollte, hatten sich zur Vertragsverhandlung zehn Menschen in der kleinen Kanzlei versammelt.

Unser Erstaunen war vollkommen, denn dieser Augenblick der Vertragsunterzeichnung war ein hochoffizieller Vorgang, an der nicht nur die Vertragsparteien anwesend waren, sondern außer der Notarin auch noch drei griechische, ständig rauchende Zeugen.

Die Unterhaltung zwischen allen Anwesenden erfolgte mehrsprachig in einer ungewöhnlichen Lautstärke, die mit den Verhältnissen in deutschen Kanzleien nicht zu vergleichen war. Alle Honorare mussten in bar bezahlt werden. Geldscheine, die Währung war mittlerweile auf Euro umgestellt, wechselten die Besitzer.

Eine turbulente Atmosphäre, die sich durch Temperament, aber auch durch konzentriertes Arbeiten in der Sache auszeichnete. Der Vertrag, auf griechisch verfasst, wurde verlesen und simultan von Maria übersetzt. Das Ergebnis war jedoch nach mehreren Stunden das von uns erwartete.

Das südländische Temperament, für uns Norddeutsche ungewohnt, begegnete uns während der Aufenthalte permanent.

Geht es in einem deutschen Supermarkt sehr ruhig und beschaulich zu, so ist ein griechisches Lebensmittelgeschäft das exakte Gegenteil davon. Denn es ist auch ein Ort der Kommunikation. Menschen, die sich hier rein zufällig treffen, unterhielten sich über die wichtigen und unwichtigen Dinge des täglichen Lebens. Hier wurden die neuesten Ereignisse des Insellebens ausgetauscht und diskutiert. Der Kauf von Lebensmitteln schien oft in den Hintergrund zu rücken, Kommunikation war wichtiger.

Das durchaus reichhaltige Sortiment war nicht nach Marketinggesichtspunkten aufgeteilt, sondern es kam durchaus vor, dass der Kaffee neben dem Spülmittel stand. Keine dezente Musik berieselt zur Verkaufsförderung die Kunden, die Geräuschkulisse wurde durch die Gespräche dominiert.

Erstaunlich für uns war die schnelle Einbeziehung in die Gemeinschaft. Spätestens nach dem zweiten Aufenthalt wurden wir mit einbezogen. Kleine Geschenke für unseren Sohn und Fragen nach dem Fortschritt unserer Renovierung zeugten davon, das die Inselpost funktionierte und wir akzeptiert wurden.

Der Kontakt zu unseren Nachbarn wuchs ebenso herzlich wie unkompliziert. Die Kommunikation reduzierte sich zwar auf eine Mixtur von englisch, griechisch und Zeichensprache, aber sie funktionierte! Bilder wurden ausgetauscht und nach längerer Abwesenheit standen Obst oder selbstgemachtes Gebäck vor der Tür.

Unserem Verständnis von Nachbarschaft kam dieses herzliche und offene Verhältnis entgegen, denn wir fühlten uns, trotz des Hauskaufs, als Gäste.

Während der ersten Aufenthalte lebten wir mit der

Improvisation. Das Haus wurde zu einer Baustelle, die ein Bewohnen noch nicht erlaubte. Stromanschluss war vorhanden, Wasserleitungen mussten verlegt oder erneuert werden. Jetzt konnten wir allmählich die Griechen verstehen, die eine gewisse Aversion hatten gegenüber steil ansteigenden Gassen und insbesondere Treppen.

Wir hatten uns für das Haus aufgrund der besonderen Lage entschieden und nicht trotz der Lage. Die Konsequenz war, dass wir Wasser, Lebensmittel und Baumaterialien und manchmal auch uns selbst den Berg hochschleppen mussten. Wir sahen es jedoch positiv und freuten uns über konditionelle Fortschritte.

Problematisch wurde es immer dann, wenn wir fachliche Hilfe benötigten. Trotz der Erfahrung mit zu renovierenden Häusern traute ich mir nicht zu, sämtliche Gewerke auszuführen. So zum Beispiel die Elektrik. Aber wie kommt man an Fachleute auf diesem Gebiet?

Ein Branchenbuch gab es nicht, blieb also nur die Befragung der Nachbarn. Hilfsbereit wie immer, kam sofort die Lösung. Ein Bekannter sei der Richtige. Auf meine Frage wann der Mann kommen könne, die sofortige Antwort »Avrio.« Eines der ersten Worte, die ich kennengelernt habe.

Die Befriedigung über den schnell zu erwartenden Einsatz schlug allerdings am nächsten Morgen in Enttäuschung um. Der vereinbarte Termin fand nicht statt. Was ich nicht wusste ist, dass im täglichen Gebrauch dieses Wortes nicht unbedingt der nächste Tag gemeint sein muss! Sehr gewöhnungsbedürftig und nach unserem Verständnis nicht nachvollziehbar. Für uns Mitteleuropäer ist die Einhaltung von Terminen eine Selbstverständlichkeit. Wie wir immer wieder feststellen sollten, für griechische Verhältnisse jedoch nicht.

Der Elektriker kam am Tag darauf. Lächelnd und gut gelaunt fragte er nach dem Problem. Der Umfang der Arbeiten war schnell erklärt und ich stellte, für uns ebenfalls selbstverständlich, die Frage nach dem Preis für die gesamte

Arbeit. Der nachdenkliche Blick und die verstreichende Zeit deuteten auf eine komplizierte, gedankliche Kalkulation hin.

Die Erleuchtung war gekommen, er nannte uns einen Preis, der mich wiederum nachdenklich stimmte. Jetzt stand eine runde Summe im Raum, bei der ich mich fragte, wie die wohl zustande gekommen sei. War es die fachliche Kompetenz dieses Mannes oder hatte er nur in den Himmel geschaut?

Er kam meiner Aufforderung nach, mir Unwissendem bitte die Kalkulation auf einem Zettel zu dokumentieren. Nach mehreren Ausrufen der Ungläubigkeit »Kanena problema« führte er mich in die Geheimnisse der griechischen Kalkulation ein. Eine Menge Kabel waren zu verlegen, aber wieso achtzig Meter für einen Raum? Ich hatte bei ihm keinen Zollstock gesehen!

Auf meine Frage nach der Unmenge der zu verlegenden Kabel schaute er mich wiederum mit seinem, wie ich später erfahren sollte, typischen Gesichtsausdruck an und meinte, das seien schon eine Menge Meter. Diese Körpersprache, hochgezogene Schultern, zusammengepresster Mund und ein unschuldiger, ungläubiger Blick sollte mich weiter verfolgen.

Um der Verhandlung ein Ende zu bereiten, fragte ich ihn, ob es auch ein wenig günstiger ginge. Na klar, er sei auch mit einem anderen Preis zufrieden, ich solle ihm vorschlagen, wie viel ich bereit sei zu bezahlen. Mit meinem Alternativvorschlag schien er mehr als zufrieden.

Ich erteilte ihm den Auftrag zur Ausführung der Arbeiten und fragte nach dem Beginn seiner Tätigkeit. Den Hinweis auf mein neues Lieblingswort »Avrio« und meine Betrachtung der Bedeutung konnte ich mir jedoch nicht verkneifen. Zwei Tage später sollte es losgehen.

Ich wäre stolz auf mein Verhandlungsgeschick gewesen, hätte ich ihn nicht in den nächsten zwei Tagen bei der Verrichtung verschiedener Tätigkeiten gesehen. Von einem wackeligen Gerüst mit einem Pinsel winkend und am nächsten Tag eine Wand verputzend.

Von der Multifunktion vieler Griechen hatte ich bereits gehört, aber es schwand in mir der Glaube an eine professionelle Ausführung seiner Arbeit in unserem Haus. Der Gedanke drängte sich in mir auf, wie ein deutsches Mitglied einer Handwerkskammer reagieren würde. Wahrscheinlich würde ihm allein bei dem Gedanken an die mangelnde Qualifikation der Knoten seiner Krawatte platzen.

Dummerweise war das Ergebnis der Arbeit unseres Elektrikers auch noch eine Bestätigung dafür. Die eindeutige Beurteilung meiner Frau und mir war, der Mann hatte zwar alles ausgeführt, sich das Handwerk angeeignet aber keinesfalls gelernt.

Das Finden geeigneter Fachleute war eine ständige Herausforderung, denn während unserer Abwesenheit sollte das Projekt nach unseren Plänen und Vorstellungen weiter gedeihen.

Wie die Verlegung der neuen Fliesen zeigen sollte, stellte dieses jedoch eine große Problematik dar. Es war alles vorbereitet, Fliesen ausgesucht, bestellt und geliefert. Die Lieferung folgte allerdings nur bis zum Anfang des beschriebenen Fußweges zu unserem Haus. In Familienarbeit erfolgte der mühsame Transport.

Wie vom Himmel gefallen, boten sich zwei Griechen an, die unsere Fliesen verlegen wollten. Von Vorteil war die verständliche Kommunikation auf Englisch.

Alles war geregelt. Genaue Skizzen waren erstellt, Anweisungen erteilt und die Preise festgelegt. Es konnte also in unserer Abwesenheit nicht viel schief gehen.

Einige Monate später konnten wir das Meisterwerk bewundern. Die Fliesen waren verlegt, aber wie? Es war Einiges schief gelaufen. Im wahrsten Sinne des Wortes. Eine kleine Berg- und Talfahrt war entstanden und von den Ecklösungen ganz zu schweigen.

Da sich der Zustand nicht ändern lies, beschlossen wir, in Zukunft die Bauarbeiten durch Einheimische nur noch mit unserer Aufsicht durchführen zu lassen.

Schade eigentlich, aber es schien eine unterschiedliche Definition von »schön« zu geben. Natürlich lag es auch an unserer deutschen Herkunft, die sich an Perfektion ausrichtet und diesen Maßstab auch bei der Beurteilung von Arbeiten in einem anderen Land anlegte.

Wohl wissend, dass diese Maßstäbe zuweilen nicht nur überzogen, sondern auch in den meisten Ländern dieser Welt nicht anzutreffen sind, kamen wir in unseren Diskussionen zu diesem Thema zu dem Entschluss, an unserer Einstellung zu arbeiten. Zumindest wollten wir versuchen, die kleinen, uns störenden Dinge, etwas gelassener zu betrachten.

Der Fortschritt der Renovierung war jedoch unverkennbar, die Grundfunktion zur Nutzung als Ferienhaus hergestellt und nach wenigen Urlauben konnten wir das Haus beziehen.

Die Geburt unseres zweiten Sohnes Alexander brachte unsere Griechenlandpläne mächtig durcheinander. Für uns war jedoch klar, spätestens nach einem Jahr Babypause musste unser neues Familienmitglied mit auf die Insel.

Für mich stellte das immer wieder ein logistisch kaum zu bewältigendes Problem dar. Die Flüge hatten es in sich. Den Außenstehenden war angesichts unserer Familie, dazu gehörte auch noch ein kleiner Hund, und den damit verbundenen Gepäckstücken die Amüsiertheit oder manchmal auch ein gewisses Unverständnis anzusehen.

Ich konnte dieses nur zu gut nachvollziehen, reise ich doch am Liebsten mit minimalem Gepäck. Teilweise fühlte ich mich deshalb schlichtweg überfordert. Koffer, die zum Bersten voll waren. Mit den wenigen Kleidungsstücken, diversen Kleinigkeiten zur Verschönerung des Hauses, Hundetasche für den sicheren Transport des Hundes, Laptop um auch im Urlaub arbeiten zu können, Babyutensilien, Kinderwagen und so weiter.

Es war immer wieder schön, nach der langen Reise auf dem Berg zu sein, genussvoll nach getaner Arbeit auf der Terrasse zu sitzen und zur Entspannung den wundervollen

Blick auf das Meer zu genießen.

Mit der Einführung eines Multifunktions-Kinderwagens setzten wir auf der Insel wieder einmal neue Akzente. Griechen, die ihre Neugierde nicht im Zaum halten konnten, sprachen uns verwundert an. Sie hatten diese Gefährte bereits im Fernsehen gesehen, im täglichen Gebrauch auf der Insel allerdings noch nicht. Unser Sohn war von der ihm zukommenden Aufmerksamkeit begeistert.

Bereits zu Beginn unserer Aktivitäten auf Leros hatten wir uns zur besseren Beweglichkeit und der Erkundung der Insel gebrauchte Fahrräder aus Deutschland schicken lassen. Für die Bewohner der Insel war zu der damaligen Zeit ein Fahrrad ein nicht akzeptables Fortbewegungsmittel.

Selbst von uns angebotene Probefahrten wurden von den stolzen Lerioten vehement abgelehnt. War schon das in Deutschland so populäre Spazierengehen und Wandern verpönt, so war das Radfahren unmännlich oder zumindest nicht standesgemäß. Was sollten die Nachbarn und Bekannten denken? Wenn schon mit nur zwei Rädern ausgestattet, sollte das Gefährt wenigstens einen Motor haben. Davon zeugten die vielen Mopeds. Je lauter, desto besser!

Welch ein Unterschied zu meinem ersten Aufenthalt in Griechenland als, zumindest auf den Inseln, die Esel noch das wichtigste Transportmittel waren.

Die vielen Aufenthalte hatten uns inniger mit Leros verbunden. Wir erfreuten uns an den Schönheiten der Landschaft und entdeckten Sehenswürdigkeiten und Details, die unsere Reiseführer verschwiegen hatten. Jede sich bietende Gelegenheit nutzen wir zu Wanderungen durch die geschichtsträchtige Inselwelt.

Je nach Jahreszeit wechselte die Vegetation und die Insel bekam ein anderes Gesicht. Waren im Frühling die Vielzahl der blühenden Pflanzen und das üppige Grün zu bewundern, verwandelte sich die Landschaft im Sommer in eine karge Landschaft, die aber wohltuend durch einen großen Anteil an grünen Pinienhainen und immergrünen Orangen- und Olivenbaumplantagen bereichert wurde.

Besonders für die Winterzeit konnten wir uns begeistern. Es war gerade in dieser Zeit ein Vorteil, nicht auf einer Touristeninsel zu wohnen. Das urbane Leben setzte sich mit aller Geschäftigkeit fort. Ausstellungen, Konzerte und traditionelle Tanzvorführungen belebten den Alltag.

Wohltuend, einerseits die Ruhe der touristenfreien Zeit, anderseits das Leben der Einheimischen zu spüren.

Ein besonderes Erlebnis war die Weihnachtszeit, die sich in vielen Gebräuchen von der uns gewohnten Zeit unterscheidet. Die Bedeutung dieses Festes wird durch die allgegenwärtige orthodoxe Kirche geprägt, der die meisten Griechen angehören.

Am Abend des 24. Dezember ziehen die Kinder mit Triangeln von Tür zu Tür und singen glückbringende Lobgesänge. Dafür erhalten sie kleine Präsente. Mit den großen Geschenken müssen sie bis in das neue Jahr warten.

Erst in der Nacht zum 1. Januar legt der Heilige Vassilius diese vor die Betten der Kinder.

Sehr zum Bedauern unserer beiden Jungen, die die deutsche Tradition und damit auch die Gewohnheiten der vergangenen Jahre auf jeden Fall fortführen wollten. Dem konnten wir uns nur schlecht widersetzten und so gab es bei uns einen, wenn auch improvisierten, Weihnachtsbaum mit Geschenken darunter.

Das orthodoxe Weihnachtsfest beginnt erst am 25. Dezember. Man besucht Verwandte und Freunde, isst Truthahn und Melomakaron – Kekse mit Honig, Nüssen und Mandeln.

Der Abend des 31. Dezember wird bei einem Festessen mit Fleisch, Gemüse und dem Neujahrskuchen ausgiebig gefeiert.

In dem Vassilopita ist ein Geldstück eingebacken und wer es findet, soll im nächsten Jahr besonders viel Glück haben.

Kapitel 5

Die Zeiten standen auf Veränderung. Die Wirtschaftskrise von 2008 und fortschreitende Geiz-ist-geil-Mentalität hatte auch in unserem Gewerbe Spuren hinterlassen. Kreativität und Qualität zählten in der Kundschaft nur noch bedingt. Der Preis wurde das entscheidende Kriterium bei der Auftragsvergabe.

Außerdem rückte eine neue Generation von Werbern nach. Dem in den Medien dargestellten Klischee entsprechende, schwarz gekleidete, dynamische Menschen, drängten die etablierten kleinen Agenturen mit unglaublichen Angeboten aus dem Markt.

Das Internet, für unsere Branche ein Segen und gleichzeitig auch ein Fluch, trug erheblich zu dem Preis- und auch Werteverfall bei. Nach zwanzig Jahren der Selbständigkeit konnten wir auch eine gewisse Müdigkeit nicht verleugnen, die zur Verringerung der Motivation beitrug. Wir mussten reagieren. Aber wie?

War es die Konsequenz unseres bisherigen Lebens, die Reisen rund um den Globus, die Sehnsucht nach Neuem, oder die Erfüllung des Traumes vom Leben außerhalb von Deutschland? Wahrscheinlich alles zusammen!

Nach intensiven Beratungen innerhalb unser kleinen Familie stand die Entscheidung fest: Wir suchen unser Glück in Griechenland.

Die Folgen dieses Entschlusses waren arbeitsreich und weitreichend, doch innerhalb kürzester Zeit leiteten wir die erforderlichen Schritte ein.

Zuoberst unserer Prioritätenliste standen unsere beiden Jungen und deren Zukunft. Der älteste Sohn Maximilian hatte, auf eigenen Wunsch die Waldorfschule als Sprungbrett zu einem erfolgreichen Einstieg auf einem Gymnasium genutzt.

Sein eindeutiger Tenor: „Ich bleibe hier, wohne und lebe bei den Großeltern und bereite mich nicht nur auf das

Abitur, sondern auch auf mein Berufsziel Bootsbauer vor.«

Da unser Grundvertrauen in ihn sehr groß und unser Ziel die Erziehung zur Selbständigkeit war, konnten wir seine Einstellung nur begrüßen und entsprechend unterstützen. Ohne seine Zustimmung hätten wir den Schritt nicht gewagt.

Unserer jüngster Sohn Alexander, vom Charakter völlig anders als sein ruhiger, mehr introvertierter Bruder, hatte seine Schulvorbereitung in einem Waldorfkindergarten absolviert und sollte eingeschult werden. Mit unseren Plänen konfrontiert, reagierte er mit der ihm eigenen Begeisterung.

Durch die vielen Urlaube auf Leros war für ihn die Insel schon lange zur zweiten Heimat geworden. Auch die Aussicht auf eine griechische Schule ohne die entsprechenden Sprachkenntnisse gehen zu müssen, schmälerte seine Begeisterung in keinster Weise.

Der Verkauf unseres Hauses durch einen befreundeten Makler stellte kein wesentliches Problem dar. Bei der Vertragsunterzeichnung kamen die Gedanken an unseren Hauskauf in Griechenland wieder in Erinnerung.

Die Stimmung im Besprechungsraum des Notars war fast schon als feierlich zu bezeichnen. Die seriös gekleideten Menschen, die den fast schon ehrfürchtigen Worten des Anwalts zuhörten, ließen eine Atmosphäre der Ruhe entstehen, die im Vergleich mit der griechischen Verhandlung den Eindruck erweckte, dieses sei heute keine Vertragsunterzeichnung, sondern ein Begräbnis. Unnötig zu erwähnen, dass selbstverständlich auch nicht geraucht wurde.

Die Entscheidung, dieses Land zu verlassen, wurde in unserem Umfeld sehr differenziert aufgenommen. Hatte es bereits bei dem Ferienhauskauf als überwiegende Reaktion ein Kopfschütteln gegeben, so stießen wir mit unseren Zukunftsplänen auf absolutes Unverständnis.

Es wurde viel über uns geredet und nur die wenigsten Äußerungen drangen direkt an unser Ohr. Wir wurden von Menschen angesprochen, die wir nur flüchtig kannten. »Ihr wollt nach Griechenland auswandern«? War eine häufig gestellte Frage.

In unserem Sprachgebrauch war nie von Auswandern die Rede. Wir würden in ein anderes europäisches Land ziehen. Mehr nicht! Nach unserer Auffassung ein deutlicher Unterschied. Das Wort Auswandern hatte für uns etwas Endgültiges. Wir würden jedoch nicht alle Brücken abbrechen, sondern einen Wohnsitz in Deutschland behalten und nur im Ausland leben und arbeiten.

Und wieder die Fragen nach der Verantwortlichkeit. In der Vergangenheit hatten wir wenig Anlass gegeben, unser Verantwortungsbewusstsein zu bemängeln. Ja, wir waren uns der Verantwortung, zumindest unseren Söhnen gegenüber, bewusst. Warum eigentlich immer wieder diese Fragen? Wir wollten lediglich einen neuen Abschnitt in unserem Leben einleiten.

Es würde kein Sprung ins unbekannte Wasser werden, denn wir kannten die Insel seit zehn Jahren, hatten Freunde gefunden und waren mit der griechischen Kultur einigermaßen vertraut.

Zufällig stieß ich im Internet auf eine Grafik zum Thema Auswandern, in der zu sehen war, dass mehr als 40% aller Deutschen sich vorstellen könnten, außerhalb Deutschlands zu leben. Und das mit steigender Tendenz.

Jetzt mag es sein, dass wir von einem Teil der Menschen umgeben waren, die nicht diesen Traum hatten. Aber warum uns gegenüber dieses Unverständnis? Wir haben die Menschen, die sich auf deutschem Boden wohlfühlen und nicht den Drang haben, ihr Glück irgendwo auf der Welt zu suchen, immer akzeptiert.

Oder war es vielleicht doch die eigene Unzufriedenheit, diesen Traum nicht in die Wirklichkeit umgesetzt zu haben?

Wir verschwendeten jedenfalls keinen Gedanken an die Aufgabe unseres Vorhabens. Wesentliche Schritte waren bereits eingeleitet und wir freuten uns auf die Herausforderungen der Zukunft.

Die Basis unserer Existenz war für uns die Werbeagentur, die, wenn auch in geringerem Maße weitergeführt werden sollte. Den Verlust einiger Kunden musste ich einkalkulieren, denn trotz aller zur Verfügung stehenden Kommunikationsmittel war in unserer Branche der persönliche Kontakt von großer Bedeutung. Wie würden die Geschäftspartner auf unsere Pläne reagieren? Zu meiner Überraschung stand der überwiegende Teil unserem Vorhaben positiv gegenüber. Zumindest die Stammkunden sicherten mir eine weitere, kontinuierliche Zusammenarbeit zu. Die technische Abwicklung wurde allerdings, dem allgemeinen Bild von den griechischen Verhältnissen entsprechend, etwas angezweifelt.

Bei den vergangenen Besuchen hatte ich mich bereits über die internationale Kommunikation in Griechenland und speziell auf unserer Insel informiert. Beruhigend zu wissen, dass die Insel über modernste Technik verfügte.

Das schnelle Internet und die Telekommunikation mit einer weltweiten Flatrate würde uns in die Lage versetzen, den Kontakt zu unseren Kunden und Lieferanten problemlos aufrecht zu erhalten.

Zu unseren Plänen gehörte auch, die ständige Anwesenheit zur Gewinnung von neuen Kunden zu nutzen. Die Präsentation der Insel und der dort ansässigen Unternehmen blieb nach unseren Maßstäben weit hinter den deutschen zurück.

Vielleicht konnten wir die leriotische Geschäftswelt mit unserer Erfahrung und den bestehenden Kontakten, von unseren Leistungen überzeugen und damit einen weiteren Beitrag zu unserer Existenzgrundlage schaffen.

Die Zeit verging wie im Flug. Die organisatorischen, kleineren und größeren, Probleme mussten nach einer, von uns erstellten Checkliste, abgearbeitet werden. So umfangreich hatten wir uns das nicht vorgestellt. Büro und Haushalt auflösen, Versicherungen kündigen oder umschreiben, Auto verkaufen und abmelden, Umzug organisieren – die Liste der zu erledigenden Dinge wurde nicht kürzer.

In der wenigen, noch verbleibenden freien, Zeit forderten die Kinder ihr Recht ein. Ausgleichende Freizeitaktivitäten mussten unsere Umzugsvorbereitungen unterbrechen.

Dazu gehörte auch ein weiterer Aufenthalt auf Leros. Die Aussicht, in den Osterferien die neue Badesaison zu eröffnen, entschädigte die beiden etwas von der Vernachlässigung, die sie verständlicherweise in der letzten Zeit erfahren hatten.

Der Aufenthalt auf Leros war nicht mehr als Urlaub zu betrachten. Wir wollten hier in Zukunft leben! Das gab den zwei Wochen einen völlig anderen Betrachtungswinkel. Das Haus sollte ganzjährig unser Zuhause sein und damit unseren Bedürfnissen entsprechen.

Es würde Abstriche zu unserem bisherigen Leben geben. Keine Küche, die mit allem Komfort ausgestattet war, keine Zentralheizung, kein durchgestyltes Badezimmer, keinen Fernseher und kein Auto.

Der Gedanke daran war und ist für viele Menschen in unserem deutschen Umfeld ein Gräuel und bedeutet einen nicht hinzunehmenden Rückschritt an Lebensqualität. Und diesen Schritt auch noch freiwillig zu machen – vollkommen unmöglich!

Wir wussten, das unser tägliches Leben in vielen Dingen anders, auch weniger komfortabel verlaufen würde. Aber gerade das machte für uns den besonderen Reiz aus. Die Aussicht auf ein etwas einfacheres Leben beflügelte uns, denn wir liebten auch die Improvisation.

Das änderte allerdings nichts daran, dass unser als Ferienhaus gekaufte Haus einige Umbauten benötigte, um es ganzjährig bewohnbar zu machen. Die Pläne dafür waren schon in unseren Köpfen und sollten gleich nach unserem Umzug umgesetzt werden.

Bereits in der ersten Woche unseres Aufenthaltes mussten wir unseren Sohn für das kommende Schuljahr zur Einschulung anmelden.

Die Schulgebäude kannten wir bereits. Hier, nur zwei Minuten entfernt, auf mehrere neoklassizistische Gebäude verteilt, sollte unser Sohn zur Schule gehen. Die Aufregung des Juniors war verständlicherweise groß, als wir nach telefonischer Terminabsprache die Direktorin trafen.

Eine sympathische Dame, ungewöhnlich blond für eine Griechin, empfing uns in dem Lehrerzimmer. Nach dem Grund unseres Besuches gefragt, erklärten wir ihr auf Englisch die Situation. Ich stellte unsere kleine Familie vor und erläuterte ihr die Beweggründe für den Schulbesuch unseres Sohnes auf dieser Schule.

Bei meinen Ausführungen verwandelte sich Ihr freundlicher Gesichtsausdruck in einen Ausdruck der Fassungslosigkeit. Mit Tränen in ihren Augen nahm sie unseren Sohn in die Arme und küsste ihn ausgiebig. Sie erklärte uns mit tränenerstickter Stimme, sie könne nicht begreifen, dass ein deutscher Junge, auch noch blond und mit blauen Augen, ausgerechnet auf ihre Schule gehen sollte. Ihr Traum sei es, einmal Deutschland zu besuchen und eventuell dort sogar als Lehrerin zu arbeiten.

Während unseres Gespräches, die Direktorin hatte sich wieder gefangen, wurde unser Sohn von einer ganzen Schar Lehrerinnen in Empfang genommen.

Wir beobachten, wie unser zukünftiger Erstklässler von allen Frauen herzlich umarmt und geküsst wurde, um dann nach Keksen und Saft gemeinsam eine Schulführung zu unternehmen. Nach einer Stunde der Abwesenheit freuten wir uns über das strahlende Gesicht unseres Jüngsten.

Ohne die griechische Sprache zu sprechen, war er sofort von den Lehrerinnen und der zukünftigen Schule begeistert. Er erzählte uns davon, dass seine künftige Klassenlehrerin, eine erfahrene, inselweit bekannte Dame, besonders freundlich zu ihm gewesen sei.

Der Start in diesen, für ihn neuen Lebensabschnitt, sollte nach den dreimonatigen Schulferien im September erfolgen. Es war noch genügend Zeit, die schulfreie Zeit zu genießen.

Uns fiel der besagte, große Stein vom Herzen. Die durchaus vorhandene Skepsis bezüglich des Schulbesuches in

Griechenland verringerte sich durch dieses Erlebnis erheblich. So viel menschliche Wärme und Herzlichkeit waren uns in Deutschland noch nicht begegnet. Auch nicht bei der Einschulung unseres ältesten Sohnes Maximilian.

Da der Umbau des Hauses beschlossene Sache war, hieß es wieder entsprechende Handwerker zu finden. Bis jetzt waren wir mit der Suche und der daraus entstandenen Auswahl nicht sehr glücklich gewesen.

Das sollte sich nun ändern, denn wir trafen Theo. Ein kleiner, agiler Grieche, der über recht gute Deutschkenntnisse verfügte. Mehr als zehn Jahre hatte er mit seiner Familie in einer kleinen Stadt in Süddeutschland gelebt und als Schweißer bei einem namhaften Automobilhersteller gearbeitet. Das gesparte Geld investierte er in dem Fischerort Panteli in ein Restaurant mit Gästezimmern. Voller Stolz führte er uns durch seine einfachen Räumlichkeiten.

Alle Zimmer waren nach neugriechischem Geschmack ausgestattet und eingerichtet. Funktionell musste es sein. Kahle, weiße Wände, weiße Fliesen auf dem Boden und keine Accessoires, die etwas Wohnlichkeit erzeugt hätten. Kurz, es hatte den Charme eines Krankenzimmers.

Mit unserer Meinung hielten wir uns zurück, denn wir wollten nicht sein Lebenswerk und seine Altersversorgung, so bezeichnete Theo das Gebäude, durch unsere Meinung herabsetzen? Dazu fühlten wir uns nicht in der Lage. Mit zu viel Stolz hatte er uns den gesamten Werdegang von der Zeit in Deutschland bis zu den anschließenden, arbeitsreichen Jahren auf seiner Heimatinsel geschildert.

Wie nicht anders zu erwarten, hatte empfahl er einen Handwerker, der sämtliche Arbeiten an unserem Haus ausführen konnte. Der beste Handwerker auf der ganzen Insel!

Die Erfahrung hatte uns bei dieser Titulierung sofort skeptisch gemacht. Einige von den Besten hatten wir schon bei uns im Einsatz gesehen und ihre Taten würden uns noch lange verfolgen.

Einen Tag später kam Theo mit seinem Experten pünktlich zum vereinbarten Termin. Sein Aufenthalt in Deutschland hatte offensichtlich seine Spuren hinterlassen.

Den korpulenten Mann, der durch sein Auftreten schon signalisierte, dass er etwas mit Bauen zu tun hatte, stellte uns Theo als seinen Cousin vor. Schon sein Händedruck zeigte mir schmerzhaft, dass Dimitris, so heißt wohl jeder zweite Grieche, in seinem täglichen Leben mit gewichtigen Dingen zu tun hatte.

Die anschließende Ortsbegehung und unsere Wunschvorstellungen sollte diesem Mann eine exakte Vorstellung von den auszuführenden Arbeiten geben. Ich erklärte unsere Pläne und Theo übersetzte.

Ein Zimmer sollte angebaut und Durchbrüche erstellt werden, um das Haus von innen begehbar zu machen. Die völlig überdimensionierte Außentreppe sollte entfernt werden.

Das Angebot für alle Maßnahmen erfolgte, wir kannten die griechischen Kalkulationskünstler schon, bereits nach wenigen Minuten. Eine runde Summe wurde genannt und der Baumeister betonte, für ihn sei das Vorhaben eine Kleinigkeit.

Für eine Kleinigkeit war der Angebotspreis allerdings ziemlich hoch. Für mich stand wieder einmal fest, das war nicht der Mann, der für uns arbeiten sollte. Diskret nahm ich Theo beiseite und versuchte ihm meinen Unmut zu verdeutlichen.

Er sicherte mir zu, dass sein Cousin Dimitris sehr wohl ein guter Handwerker sei und er werde ihn bitten, die Kalkulation nochmals zu überdenken.

Trotz der freundlichen Verabschiedung, wieder mit dem kräftigen Händedruck, haben wir niemals von Dimitris das besagte Angebot erhalten.

Die Suche nach unseren Handwerkern mussten wir auf den Sommer verschieben, denn es war wieder an der Zeit die Heimreise anzutreten.

Zurück in Deutschland war es dringend notwendig, die letzten organisatorischen Dinge zu erledigen. Das Ziel vor

Augen, vergingen die letzten Wochen bis zu unserem Umzug in rasender Geschwindigkeit.

Zu Beginn der Sommerferien sollte es losgehen. Endlich, denn uns erfasste eine gewisse Ungeduld. Die Checkliste wurde zwar merklich kleiner, was nicht bedeutete, dass der Tagesablauf immer in geordneten Bahnen verlief. Die Summe der kleinen, noch zu erledigenden, Dinge nahm unsere noch zur Verfügung stehende Zeit voll in Anspruch.

Belastend waren die Meldungen der Medien über die sich verschlechternde finanzielle Lage in Griechenland. Bereits im Jahre April 2010 hatten die Institutionen der EU ein Hilfspaket zur Stützung der Wirtschaft und der Banken vergeben. Das Land und die Menschen kam in zunehmenden Maße in die Kritik.

Das bisher positive Bild des Landes und der Bewohner geriet durch Kampagnen einiger deutschen Medien immer mehr ins Wanken. Es wurde von Schuld gesprochen. Nicht nur die Schuld des ungeordneten Staatswesens, sondern auch der Griechen.

Schnell wurde das Bild des »faulen Griechen« geprägt, der auf Kosten der deutschen Steuerzahler ein verschwenderisches Leben führt. Uns erschienen diese Meldungen recht sonderbar, denn wir hatten in den vergangenen Jahren ein komplett anderes Bild erhalten.

Wir hatten einen anderen Lebensrhythmus kennengelernt, der sich nicht nur in Griechenland, sondern auch in den südlichen Ländern wesentlich von dem deutschen unterscheidet.

Ist es Faulheit, wenn der Tag vor der Arbeit mit einem Kaffee in einem Kafenion gestartet, oder mit einer ausgiebigen Mittagspause die heiße Zeit von zwei bis fünf Uhr überbrückt wird?

Für uns war es merkwürdig, wie schnell sich in unserem Umfeld diese Thesen verbreiteten. Doch was bedeutete das für uns? Sollten wir unsere Vorbereitungen abbrechen und unseren Traum begraben? Für einen Abbruch war es definitiv zu spät. Der Umzug war geregelt, die bürokratischen

Angelegenheiten erledigt, die Flüge gebucht und gedanklich sahen wir uns bereits auf der Insel.

Wir beschlossen, den eingeschlagenen Weg weiter zu beschreiten und uns nicht durch die Meldungen der Medien oder durch unser Umfeld beeinflussen zu lassen.

Wir waren sicher – wir würden es schaffen, uns eine Existenz in dem gescholtenen Land aufzubauen.

Es gab noch einen weiteren, moralischen Knackpunkt, der uns, und insbesondere meine Frau, belastete. Die Eltern meiner Frau waren in die Jahre gekommen. Beide über achtzig Jahre alt, erfreuten sich bester Gesundheit und konnten in ihrem Haus ihr Leben genießen. Aber wie lange noch?

Zur Beruhigung unseres Verantwortungsbewusstseins und dem damit verbunden schlechtem Gewissen versprachen wir, im Fall eines Falles zur Stelle zu sein.

Außerdem konnte unser Sohn Maximilian, der im Untergeschoss des Hauses wohnen würde, die schwereren Dinge des täglichen Lebens bewältigen.

Die letzten Tage vor unserem Abflug hatten es nochmals in sich. Eine kleine Verabschiedungstour von Familienangehörigen und Bekannten folgte.

Beste Wünsche und viele wichtige, meistens aber unwichtige, Tipps mussten unbedingt noch an uns weitergegeben werden.

Kapitel 6

Die Koffer waren gepackt – es konnte losgehen.

Der Leihwagen stand schwer beladen vor der Tür und die Frage tauchte auf, ob noch Platz für vier Menschen und einen kleinen Hund vorhanden war. Bei dem Gedanken an den Transport konnte mich nur das Ziel entschädigen. Aber immerhin hatte ich tatkräftige Unterstützung durch meine Familie.

Letzte Umarmungen und Tränen und unser Abenteuer konnte beginnen.

Vierundzwanzig Stunden später, die Reise war reibungslos verlaufen, erreichten wir das Haus in Griechenland und damit unser zukünftiges Zuhause.

Doch wie sollten wir den Start in unser neues Leben gestalten? Meine Frau übernahm die Regie, wir Männer folgten gerne ihren Anweisungen.

Hier ging es um die Kernkompetenz meiner Frau. Alles, was mit Haus und Garten zu tun hatte, unterstand ihrem Kommando. Ich tröstete mich damit, dass das in den meisten, mir bekannten Familien, ebenso ist.

Obwohl wir von der Reise, mit der unglaublichen Anzahl von Gepäckstücken, geschafft waren, gab es keinen nennenswerten Widerspruch.

Nur die beiden Jungen hatten sich das anders vorgestellt. Sie hatten andere Pläne. Der Hafen musste erkundet werden und die Strände luden zum »Anschwimmen« ein.

Es war Juli, also Hochsaison, und ich wäre den Beiden gern gefolgt. Aber für mich gab es jetzt andere Prioritäten. Den Anweisungen meiner Frau, zumindest so gut es ging, Folge zu leisten.

Wir waren gespannt darauf, wie sich die Krise auf die Insel ausgewirkt hatte. Bei der ersten abendlichen Erkundung stellten wir fest, dass sich in unserer Umgebung seit unserem letzten Aufenthalt nicht viel verändert hatte. Die Geschäfte und Restaurants waren gefüllt mit gut gelaunten

Urlaubern und das Leben pulsierte.

Wo war die in Deutschland so ausgiebig beschriebene Krise?

Oberflächlich betrachtet merkten wir in ersten Tagen keinerlei Veränderungen und auch die Gespräche mit unseren griechischen Bekannten bestätigten unsere Beobachtungen. Das Gespräch mit Zorbas, unserem lange bekannten Restaurantbesitzer, brachte die Einstellung vieler Insulaner auf den Punkt: »Krise? Wir haben keine Krise, sondern die Regierung in Athen!«

Diese Äußerung hatte einen historisch und geografischen Hintergrund. Athen war weit entfernt. Zwischen der Insel Leros und der Landeshauptstadt lagen immerhin mehr als vierhundert Kilometer. Selbst in der heutigen Zeit war es mit dem Schiff eine Fahrt, die fast einen halben Tag in Anspruch nahm. Kaum verwunderlich, dass Leros, wie auch viele andere Inseln in der weit entfernten Ägäis, ein Eigenleben führte.

Die wirtschaftliche Situation war weitestgehend durch die Klinik gesichert. Hinzu kamen die Einnahmen aus dem, wenn auch bescheidenen, Tourismus. Also, es ging den Bewohnern gut, sollten die in Athen doch machen, was sie wollten.

Bezeichnend für den relativen Wohlstand der Insel war die kleine Zweigstelle einer namhaften griechischen Bank in Platanos. Äußerlich völlig unscheinbar, gehörte diese Filiale zu den zehn Zweigstellen mit den höchsten Spareinlagen Griechenlands.

Wir wollten jedenfalls, so schnell wie möglich, einen bescheidenen Beitrag zur Linderung der Krise beitragen und in unseren Umbau investieren.

Die Recherche nach geeigneten Handwerkern begann aufs Neue. Hatten wir in der Vergangenheit keine guten Erfahrungen bei der Auswahl getroffen, wollten wir jetzt alles besser machen.

Unser erster Versuch in dieser Angelegenheit gestaltete sich allerdings etwas schwierig. Vor uns stand ein, wie er sich bezeichnete, studierter Bauunternehmer, der Wert auf die deutschen DIN-Normen legte. Sein Fazit nach einer ausgiebigen Besichtigung: Das Haus kann nur abgerissen werden, alles andere lohnt sich nicht. Der Bau eines neuen Hauses an einer anderen Stelle sei wesentlich sinnvoller.

Das war nun eine Aussage, die wir bestimmt nicht hören wollten. Sollten wir dieses, mehr als einhundert Jahre alte Schmuckstück wirklich abreißen, um nach deutschem Standard ein Einfamilienhaus irgendwo auf der Insel zu erstellen?

Auf keinen Fall! Wir liebten die Unvollkommenheit, die dicken Wände, den Meerblick und die Atmosphäre eines alten griechischen Hauses. Einer der Gründe, uns hier niederzulassen, war auch die Flucht vor DIN-Normen und anderen Reglementierungen.

Nach mehreren Gesprächen mit angeblichen Fachleuten wurde uns von ebenfalls hier auf der Insel lebenden Ausländern der entscheidende Tipp gegeben. Ein Unternehmen mit dem Namen GERMANOS - Deutscher - sei die richtige Wahl für die Realisierung unserer Vorhaben.

Bereits am nächsten Tag stand der gewichtige Inhaber vor der Tür. Wieder beschrieben wir mit Skizzen, Händen und Englisch die beabsichtigten Maßnahmen. Er sprach kein Englisch, wir kein Griechisch, aber wir verstanden uns trotzdem. Nach zwei Stunden hatten wir alle Details geklärt und sollten am nächsten Tag um neun Uhr sein Angebot erhalten.

Wir waren gespannt. Sollte der Firmenname auf die wichtigste Eigenschaft der Deutschen, Pünktlichkeit schließen? Tatsächlich, um neun Uhr stand der Mann mit einem Blatt Papier wedelnd vor unserem Haus. Sehr detailliert beinhaltete sein Angebot alle Positionen unseres Vorhabens. Und dann der Preis: auch hier eine Überraschung, er war über 2.000 Euro günstiger als unsere bisher erhaltenen Angebote.

Auf die Frage, wann der Baubeginn sein sollte, stellte mir Germanos einen exakten Bauplan vor. Übermorgen, um sieben Uhr, sei Baubeginn und am 25. August alles fertig. Aufgrund meiner bisherigen Erfahrung mit griechischen Handwerkern war ich mehr als überrascht, so konkrete Termine zu bekommen. Nach der Vereinbarung über Teilzahlungen für die einzelnen Bauabschnitte erteiltSen wir den Auftrag.

Mit Spannung erwarteten wir das Übermorgen. War das wieder ein so daher gesagter Termin eines dieser gescholtenen Griechen, die sich durch Unpünktlichkeit und Unzuverlässigkeit auszeichneten, oder eines »Germanos« würdig!

Und dann kam der besagte Tag. Kurz vor sieben Uhr, die Sonne war gerade aufgegangen, hörten wir ungewohnte Geräusche auf dem Gehweg vor unserem Haus.

Kaum zu glauben, fünf Griechen kamen mit schwerem Gerät zu uns. Eine Mischmaschine und ein imponierend aussehender Bosch-Hammer, ein deutsches Qualitätsprodukt, deuteten eindeutig auf den Baubeginn hin.

Nach einem fröhlichen »Kalimera« ging es sofort mächtig los. Die ersten Stufen der raumfressenden und äußerst stabilen Treppe fielen dem Hammer zum Opfer.

Eine unerwartete Geräuschkulisse drang zu uns. Schwerbeladene Esel transportierten Massen von Baumaterialien über den steilen Fußweg zu unserem Haus. Erstaunlich, wie diese, doch recht zierlichen Tiere, selbst bei der herrschenden Hitze mit stoischer Gelassenheit die Lasten trugen.

Schier endlos bewegte sich in den nächsten Stunden diese Karawane mit Steinen, Zement und Kies bergan und mit dem Bauschutt der Treppe, wieder bergab.

Völlig überraschend folgte bereits nach einer halben Stunde absolute Ruhe. Die Arbeiter machten eine Pause! Sollte ein weiteres Vorurteil über die Griechen stimmen? Der Arbeitstag beginnt mit einer Pause?

Von wegen Vorurteil, bereits nach einer viertel Stunde war die Pause beendet und dann wurde richtig gearbeitet.

Bei mittlerweile 30 Grad im Schatten gab es kein Pardon mehr für die Treppe.

Stück für Stück verschwand das Monstrum und eine unglaubliche Menge an Baumaterial nahm diesen Platz ein.

Meine Hochachtung für die Arbeiter stieg. Selbst mir, als selbsternanntem »Bauleiter« trieb es den Schweiß aus allen Poren. Dabei musste ich keine fünfzig Kilogramm schweren Zementsäcke bewegen. Nur kurze Pausen wurden eingelegt, um den Wasserhaushalt zu regulieren.

Eine mir völlig unbekannte Form der Kaffeezubereitung erfreute sich bei den Männern großer Beliebtheit. Ein Plastikbecher enthielt eine kleine Menge Kaffeepulver. Mit Wasser aufgefüllt und ausgiebig geschüttelt, wurde das Getränk heiß. Abgesehen von dem hohen Müllaufkommen schmeckte das Ergebnis recht gut.

Pünktlich um fünfzehn Uhr war Feierabend. Allerdings nicht, ohne den Arbeitsplatz gefegt und, soweit es bei dem Chaos an Schutt und neuem Baumaterial möglich war, sauber zu verlassen.

Ausgelaugte, jedoch immer noch freundliche Arbeiter verließen uns. Sie hatten bei der Hitze eine unglaubliche Leistung vollbracht und bei mir entstand der Gedanke, dass man diese Tage mit einer Kamera hätte festhalten sollen, um jedem Kritiker in Deutschland diesen Film vorzuführen.

Eindeutiges Urteil meiner gesamten Familie: Wenn die so weiterarbeiten, haben sie das in Kürze geschafft.

Die beiden Jungen hatte ihren Spaß an den Aktivitäten. Maximilian weniger, denn er musste, teilweise widerwillig, den Handwerkern helfen. Mit mittlerweile sechzehn Jahren eigentlich eine Selbstverständlichkeit. Der kleine Alexander jedoch eröffnete mit großer Begeisterung immer neue Baustellen.

Meine Frau organisierte den Haushalt. Im Kampf mit dem täglichen Staub, der sich in dem gesamten Haus ausbreitete, war ihr Einsatz schier unermüdlich. Noch war kein Ende der Putzerei abzusehen.

Meine Aufgaben als Bauleiter waren nicht so ganz einfach. Ich musste den Profis erst einmal meine Kompetenz unter Beweis stellen. Keinesfalls wollte ich als »deutscher

Oberlehrer« ihre Arbeit begutachten.

Nachdem ich mehrere Tage bei den schweren Arbeiten tatkräftig mit angepackt hatte, wuchs offensichtlich ihre Achtung vor mir.

Mit dem Vorarbeiter hatte ich gewisse Differenzen. Yannis, ein introvertierter Mann, beäugte mich bei meinen Aktionen äußerst kritisch. Verständlich, denn da lief ein Deutscher mit einem Skizzenblock unter dem Arm durch die Gegend und begutachtet ständig den Fortschritt der Arbeiten. Wahrscheinlich hatte er schon seine Erfahrung mit anderen Bauherren gemacht. Seine Achtung stieg dann allerdings sprunghaft.

Bei einem Türsturz gab es ein Problem mit der Verschalung. Eine merkwürdige Konstruktion sollte die Form des Betons unterstützen. Fiel aber irgendwie immer wieder zusammen. Alle Arbeiter hatten sich bereits um die Problemstelle versammelt und lautstark eine mögliche Lösung diskutiert.

Bewusst zurückhaltend machte ich nach einiger Zeit einen Vorschlag, der nicht nur die Zustimmung der Männer fand, sondern auch noch funktionierte.

In der anschließenden, kurzen Kaffeepause wurde ich offiziell in das Team aufgenommen. Die Folge war, dass ich bei weiteren Problemstellungen zu Rate gezogen wurde. Einen gewissen Stolz darüber konnte ich auch meiner Familie gegenüber nicht verbergen.

Das größte Problem stellte für mich die Kommunikation mit den Handwerkern dar. Ich sprach in der Regel mit ihnen Englisch. Bis auf täglich wiederkehrende Begriffe aus der Branche wie Steine, Beton, Kies usw. war mein griechischer Sprachschatz noch nicht wesentlich fortgeschritten.

Besonders ärgerlich für mich, denn ich hatte mir bereits zu Beginn unseres Aufenthaltes fest vorgenommen, so schnell wie möglich, die Sprache zu erlernen. Ich wollte zwar keine Bücher schreiben, aber zumindest im täglichen Leben mit den Menschen kommunizieren.

Die griechische Sprache war für mich ein grundsätzliches

Problem. War es schon schwierig genug, diese merkwürdigen Schriftzeichen zu entziffern, hatte ich absolut kein Gefühl für diese Sprache.

Völlig anders als zum Beispiel bei der spanischen Sprache, bei der ich zumindest eine Ahnung hatte, was die Worte bedeuten könnten, war die griechische Sprache für mich ein Buch mit sieben Siegeln.

Es blieb aber zumindest bei dem Vorsatz, die Sprache zu erlernen. Und das so schnell wie möglich.

Gespannt waren wir auf die Einschulung von Alexander. Würde er sich in dem für ihn fremden Umfeld zurechtfinden? Konnte er sich ohne Sprachkenntnisse in der Gemeinschaft behaupten, oder würde er bereits nach einiger Zeit die Lust am Schulbesuch verlieren?

Glücklicherweise schien die Vorfreude zu überwiegen. Beim Passieren seiner zukünftigen Schule auf dem Weg zum abendlichen Bad im Meer sprach er ständig davon, wie er sich auf seine neuen Freunde, seine ihm bereits bekannte Lehrerin und den Schulalltag freuen würde. Bereits in dieser Phase der Vorfreude hatte er ein inniges Verhältnis zu der Schule aufgebaut.

Die Ausstattung mit Bolzplatz, beschatteten Spielzonen und die großzügigen, sehr gepflegten Gebäude hatten es ihm angetan. Würde die Realität seiner Freude standhalten, oder waren es nur kindliche Fantasien?

Wir wussten es nicht, hofften allerdings darauf, dass für ihn als Junge mit offenem Naturell der Einstieg in diese vorerst für ihn fremde Welt gelingen würde.

Kapitel 7

Die ersten Wochen vergingen mit viel Arbeit bei der Unterstützung der Bautätigkeiten. Kontinuierlich und mit weiterhin großem Engagement trieben die Bauarbeiter trotz sengender Hitze unser Bauvorhaben voran.

Bereits nach kurzer Zeit konnten die neuen Fenster und Türen vermessen und gebaut werden. Selbstverständlich griffen wir auf unseren, alt bekannten, Tischler zurück. Bereits in der Vergangenheit hatte er für uns gearbeitet.

Klein, dünn, ständig mit einer Schiffermütze auf dem Kopf, sah er aus wie eine Karikatur.

Besonders seine Hände zeugten von seiner beruflichen Tätigkeit. Die Finger waren wohl schon häufiger mit irgendwelchen Sägen in Kontakt gekommen und auf recht merkwürdige Art wieder zusammengewachsen.

Wir signalisierten ihm, dass wir sofort seine Arbeit benötigten. Bereits am nächsten Tag kam er mit Zollstock und einem kleinen Zettel zu uns, um die notwendigen Maße zu nehmen. Die Ausrüstung kannten wir bereits.

Ungewöhnlich war, dass er nicht nur in Begleitung seines Assistenten, sondern auch, vielleicht in Erwartung der zu erwartenden Aufgaben, mit einem groß gewachsenen Griechen namens Miltiades erschien.

Wir begrüßten uns sehr förmlich und er stellte sich als Übersetzer vor. Sehr distinguiert sprach er in einem ausgezeichneten Deutsch mit uns.

Der Tischler musste mit seinen Maßen noch etwas warten, wir hatten Wichtigeres zu tun. Wir mussten diesem, uns sehr sympathisch wirkenden Mann, erst einmal etwas kennenlernen.

Er sei Lehrer an dem hiesigen Gymnasium und habe die deutsche Sprache so nebenbei gelernt, erklärte er uns. Wie sich schnell herausstellte, war er in der deutschen Literatur bewanderter als wir!

Es sollte sich eine lange Freundschaft aus unserem

ersten Kontakt entwickeln, jedoch war in diesem Moment die Vermaßung der Fenster und Türen vorrangig.

Nach einer Anzahlung, das ist ein üblicher geschäftlicher Weg in Griechenland, hörten und sahen wir mehrere Wochen nichts mehr von Yannis. Auch telefonische Fragen an unseren neuen Dolmetscher brachten keine Klarheit. Für uns merkwürdig, denn so hatten wir den Tischler in der Vergangenheit nicht kennengelernt.

Auf einem abendlichen Streifzug durch die nähere Umgebung hatte meine Frau eine tolle Entdeckung gemacht. Vor einem verlassenen, zerstörten Haus, es war in früherer Zeit ein Altersheim, fand sie zwei wunderbare recht große, behauene Sandsteine. Sie hatten als Fensterumrandung gedient und lagen nun, teilweise von anderem Schutt bedeckt, in der Nähe eines Fußweges.

Dieser Fund erforderte auf Drängen meiner Frau den unmittelbaren Einsatz und die damit verbundene Bergung. Die Steine, sie sahen aus wie Skulpturen, sollten jeweils rechts und links von der Hauseingangstür stehen. Eine wunderbare Idee!

Zu Beginn der Dämmerung, vorher traute wir uns nicht so recht, machten sich Maximilian und ich mit einer Sackkarre auf den Weg, um diese Schätze zu bergen.

Ungeduldig wie wir waren, stellte ich die Fundstücke zur Probe auf. Die allgemeine Begeisterung ließ mich gleich am nächsten Tag unsere neue Errungenschaft einbetonieren.

Für den Abend war es uns nach langen Bemühungen gelungen, einen erneuten Termin mit unserem Tischler zu vereinbaren.

Zusammen mit unserem neuen Bekannten Miltiades stand Yannis vor unserer Tür. Wir merkten allerdings sofort, irgendetwas stimmte nicht. Es lag beim Betreten der beiden eine sonderbare Stimmung im Raum. Kurze Fragen, kaum Antworten.

Als ich Miltiades nach der Ursache für die miese Stimmung fragte, erläuterte er mir, Yannis habe ein Problem mit uns.

Das sei auch der Grund, weshalb er sich so lange nicht gemeldet habe.

Völlig überrascht fragte ich nach dem Problem. Es stellte sich heraus, dass der Tischler sauer auf uns war, weil wir seiner Schwester Steine gestohlen hätten.

Diese Schwester wohnte in einigem Abstand zu dem Fundort und hatte Besitzansprüche gestellt. Es seien ihre Steine!

Steine gestohlen – wir? Mein Adrenalinspiegel stieg und ich fragte, um welche Steine es sich handelte. Na, die vor unserer Tür standen!

Wir waren völlig perplex. Das waren doch Steine, die seit dem Krieg von niemandem beachtet wurden und sicher auch in den nächsten Jahren keine Verwendung gefunden hätten. Es sei denn, so verrückte Deutsche wie wir würden sich die als Skulpturen vor die Tür stellen!

Die wütenden Worte von Yannis verstand ich nicht und Miltiades wollte sie mir auch nicht übersetzen. Aber aus Gestik, Sprache und Mimik konnte ich mir sehr wohl eine Vorstellung davon machen, um was es sich handelte.

Meine Reaktion, das Adrenalin hatte mich zum Kochen gebracht, war keine überlegte, sondern eine sehr impulsive. Ich stürmte zu den besagten Steinen, riss sie aus der noch nicht ganz trockenen Verankerung und transportierte sie zurück an den Fundort. Diesmal ohne Sackkarre.

Bei meiner Rückkehr stellte ich fest, dass Yannis, offensichtlich fluchtartig, unser Haus verlassen hatte. Miltiades war noch anwesend und versuchte, die Situation zu klären.

Mir als Beschuldigtem war der ganze Vorgang entsetzlich peinlich. Hätte ich auch nur die geringste Ahnung von den, berechtigten oder nicht, Besitzansprüchen gehabt, hätte ich mich niemals auf diese Aktion eingelassen.

Ich wollte mich auf dieser Insel, und erst recht in der unmittelbaren Nachbarschaft integrieren und nicht als Dieb gelten!

Jetzt war es passiert und die Frage war, wie geht es weiter mit der Herstellung der dringend benötigten Fenster. Mit dem Tischler Yannis konnte und wollte ich nicht mehr zusammenarbeiten.

Die Alternative nannte mir dann Miltiades. Es gäbe in der Nähe eine Tischlerei, die einen sehr guten Ruf habe. Gleich am nächsten Tag fuhr ich zu George und seinem Sohn.

Eine gut ausgestattete Werkstatt erweckte sofort das notwendige Vertrauen. George hatte einen großen Teil seines Lebens mit seiner Familie in Deutschland verbracht und sprach dem entsprechend ein gutes Deutsch. Ich berichtete von meinem Dilemma und der Notwendigkeit, dass ich in Kürze das erste von mehreren Fenstern benötigen würde.

Bei griechischem Gebäck saßen wir mit seiner Frau in der Küche und unterhielten uns über ihre schöne Zeit in Karlsruhe. Nachdem mir George versichert hatte mir zu helfen, wickelten wir ganz nebenbei das Geschäftliche ab. Die Preise erschienen mir etwas zu hoch, aber was sollte ich machen. Wir benötigten die Fenster so schnell wie möglich.

Neben der Hektik der Tage hatten wir noch genügend Gelegenheiten, die Insel und uns unbekannte Strände zu erkunden und zu schwimmen.

Meine Gefühlswelt war recht zwiespältig. Einerseits fühlte ich mich als Besucher mit begrenzter Aufenthaltsdauer, andererseits hatte ich im Gegensatz zu den vielen, vergangenen Aufenthalten kein Rückflugticket. War ich nun ein Tourist von vielen, der nach einer bestimmten Zeit wieder die Heimreise antritt, oder ein Bewohner der Insel, der für immer hier leben wollte?

In einer abendlichen Diskussionsrunde forderte ich unter diesem Aspekt meine Familie auf, ihre Gedanken zu diesem Thema preiszugeben. Es stellte sich eine sehr unterschiedliche Betrachtungsweise von dem Begriff Zuhause heraus.

Ich fühle mich grundsätzlich dort Zuhause wo ich bin, meine Familie ist und wo ich mich wohlfühle.

Meine Frau schloss sich meiner Definition erfreulicherweise an.

Die Kinder sahen es mit einer gewissen Gelassenheit. Für Alexander schien es kein Problem darzustellen. Er genoss die neue Umgebung, sein tägliches Bad im Meer und freute sich auf den baldigen Schulbeginn.

Maximilian konnte, oder wollte, sich nicht festlegen. Verständlich, denn sein jetziger Aufenthalt war nur noch von kurzer Dauer und er musste die nächsten zwei Jahre bis zu seinem Abitur zwischen diesen beiden Welten hin und her pendeln.

Mit gemischten Gefühlen sahen wir dieser Zeit entgegen. Unser gewohnt tägliches Zusammensein würde sich in Zukunft, abgesehen von den vereinbarten Besuchen während der Schulferien, auf Telefon- und Mailkontakte beschränken.

Ich sah das relativ pragmatisch. Unser Verhältnis war innig und vertrauensvoll. Er war siebzehn Jahre alt und wir hatten, so war zumindest unser Gefühl, mit ihm zusammen dem eingeschlagenen Bildungsweg eine gute Basis gegeben.

Die für ihn neue Lebenssituation war nach meinem Verständnis ein guter Schritt in die Selbständigkeit.

Kapitel 8

Das Ende der deutschen Schulferien nahte, und damit der unvermeidliche Zeitpunkt des Abschieds von Maximilian. Die Flüge waren schon lange gebucht, also stand seiner zwar langen, aber gesicherten Rückreise nichts im Wege.

Die letzten Tage waren von einer merkwürdigen, ruhigen Stimmung geprägt. Jeder hing seinen Gedanken nach und versuchte auf seine Weise, die Aussicht auf die, nun getrennt laufende, Zukunft zu bewältigen. Nicht verwunderlich, sollte es doch die erste Trennung in unserer Familiengeschichte sein.

Einziger Trost: Die Zeit bis zu den Herbstferien war sehr kurz und der Jüngste hatte schon die Tage gezählt. Es waren nicht sehr viele.

Trotzdem war der Tag der Abreise ein tränenreicher.

Die Bauarbeiten an unserem Haus standen kurz vor der Vollendung. Die Handwerker hatten weiterhin gute Arbeit geleistet. Es fehlten immer noch die Fenster, aber das sahen wir mit zunehmender Gelassenheit.

Es war Sommer, der avisierte Bauabschluss sollte am 24. August sein und der Möbeltransporter war inzwischen auf seinem langen Weg irgendwo in Bulgarien.

Dann kam der mit Spannung erwartete Tag der Fertigstellung. Hatte es noch Tage zuvor recht chaotisch auf unserer Baustelle ausgesehen, war am Tag zuvor ein großes Reinemachen der Baustelle angesagt.

Und tatsächlich, morgens kam Germanos, um mit mir als Bauleiter die ganzen Gewerke durchzugehen.

Kleinigkeiten wurden schnell noch ausgebessert, die letzten Spuren der Bautätigkeit beseitigt und die Restzahlung des vereinbarten Gesamtpreises erfolgte.

Die von mir angeforderte, schriftliche Rechnung sollte in den nächsten Tagen erfolgen. Sie kam, trotz mehrmaliger Anforderung, allerdings nie!

Geschafft! Wir konnten kaum glauben, dass die Handwerker in der avisierten Zeit, trotz etlicher Sonderwünsche unsererseits, fertig geworden waren und eine einwandfreie Arbeit hinterlassen hatten.

Kapitel 9

Der Tag der Einschulung rückte näher. Die Planung für dieses besondere Ereignis nahm mehrere Tage in Anspruch.

Unser Sohn entschied sich mit Unterstützung meiner Frau für ein festliches Outfit. Alexander nahm das ganze Procedere zwar mit Gelassenheit, aber wir merkten ihm an, dass er angespannt war.

Die Kleiderfrage hatte Priorität. Wir hatten keine Ahnung, welchen Wert die Einschulung bei den Einheimischen hatte, sondern bezogen uns auf unsere Erfahrung mit dem ersten Tag unseres großes Ältesten an der Waldorfschule.

Es war wohl kaum zu erwarten, dass es bei den unterschiedlichen Kulturen Parallelen gab.

Ein wichtiger Bestandteil für Alexander war die Verbindung zwischen Einschulung und Schultüte mit vielen, süßen Überraschungen.

Diese deutsche Tradition hatte es ihm angetan. Wir konnten seine Frage, ob es in Griechenland auch Schultüten gab, nicht konkret beantworten, denn in der hiesigen Kultur waren wir noch nicht ausreichend bewandert. Wir mussten uns überraschen lassen.

Und dann war es soweit. Der erste deutsche Schüler sollte am heutigen Tag in der Grundschule von Agia Marina eingeschult werden.

Auf dem Weg dorthin, es waren nur wenige hundert Meter, sahen wir mehrere Autos mit Familien beladen und dem selben Ziel.

Unser Erstaunen war groß. So viele festlich gekleidete Menschen hatten wir auf der Insel noch nie gesehen. Für uns tröstlich, denn wir hatten uns, zumindest für unsere Verhältnisse, ebenfalls schick gemacht.

Der Schulhof war bereits gefüllt. Hochhackige Damen in Abendgarderobe bahnten sich über den kiesigen Untergrund des Schulhofes den Weg in die erste Reihe vor dem

Schulgebäude.

Die Männer hatten sich nicht entsprechend aufgebrezelt, was sie, zumindest mir, sympathischer machte.

Hunderte von Menschen standen in freudiger Erwartung auf dem Schulhof. Es sollten doch nur 30 Kinder eingeschult werden!

Staunend standen wir etwas abseits. Der Junior war schon von seiner Lehrerin mit einem Begrüßungskuss abgeholt worden.

Pünktlich zu Beginn der Feierlichkeiten kamen mehrere, besonders gekennzeichnete, Autos vorgefahren. Es mussten wichtige Personen sein, denn die Anwesenden schenkten ihnen große Aufmerksamkeit.

Es stiegen mehrere Priester aus. Markante Persönlichkeiten, mit riesigen Bärten und schwarzen Gewändern, gingen angeführt von einem besonders prachtvoll gekleideten Mann, es musste der ortsansässige Bischof sein, gemäßigten Schrittes zu dem Schulgebäude.

Die Feier konnte beginnen. Die Priester zelebrierten eine Messe, die aus melodischem Gesang und Ansprachen bestand, die wir wiederum nicht verstanden. Unzählige Reden von Menschen, die wir nicht kannten, aber wohl ebenfalls sehr wichtig sein mussten, folgten.

Unser Augenmerk galt dem Verhalten unseres Sohnes. Da stand er nun: klein, blond, blauäugig in der Mitte seiner zukünftigen Klassenkameraden, die teilweise schon den Kontakt mit ihm aufgenommen hatten. In welcher Sprache sie sich leise unterhielten, konnten wir nur vermuten.

Die feierliche Stimmung, die von Weihrauch geschwängerte Luft und besonders der Abschluss, der Segen der Priester, bei dem die Erstklässler mit geheiligtem Wasser besprengt wurden, sollte sich in sein Gedächtnis einbrennen.

Dass Alexander gleich von mehreren Tropfen getroffen wurde, nahmen wir als gutes Omen.

Nach Ende der Zeremonie, die Priester hatten den Ort des Geschehens schon wieder verlassen, kamen mehrere Eltern auf uns zu, um den ersten Kontakt aufzunehmen und in der Schule willkommen zu heißen.

Wir freuten uns darüber, denn wir fühlten uns als Ausländer auch ein wenig als Außenseiter, die in einen fremden Kulturkreis eingedrungen waren und nun einen Einstieg in die Klassengemeinschaft finden wollten. Erstaunlich viele Eltern sprachen Englisch, so dass wir sie auch verstanden.

Mit vielen neuen Bekannten und einem glücklich ausschauendem Erstklässler verließen wir das Schulgelände, um in unserem Zuhause die neuen Eindrücke auf uns wirken zu lassen.

Wir waren uns einig: Es war ein schöner Einstieg in den neuen Lebensabschnitt unseres Jüngsten. Waren uns die Zeremonien auch fremd vorgekommen, der feierliche Rahmen hatte uns begeistert.

Ein wichtiger Schritt zur Integration war gelungen und unser Sohn freute sich auf den ersten Unterrichtstag am nächsten Morgen.

Kapitel 10

Die Temperaturen wurden, zumindest für uns als Mitteleuropäer, wieder erträglicher. Der Meltemi, ein kontinuierlich aus Nordwest wehender, starker Wind ließ nach und die Abende wurden kühler. Ein typisches Zeichen, dass der Herbst nahte.

Die griechischen Touristen, eine der Haupteinnahmequellen der Insel, strebten wieder mit der Fähre ihren Heimatorten zu, denn die Schulferien waren beendet.

Die Segleschiffe, Leros liegt inmitten eines wunderbaren Segelreviers des Dodekanes und ist eine beliebte Zwischenstation bei Törns, wurden weniger und auf der Insel spürte man das Ende der Saison.

Das Leben wurde ruhiger, die Menschen gingen ihren Alltagsgeschäften nach, aber irgendwie war eine andere, gedämpfte Stimmung zu registrieren. Die Krise hatte auch die, von Athen weit entfernte, Insel erreicht. Oberflächlich betrachtet, gab es, im Vergleich zu den Vorjahren kaum Veränderungen.

Bei genauerer Betrachtung waren jedoch die Auswirkungen des Spardiktats der EU-Kommission zu spüren.

In den vergangenen Jahren hatte es aufgrund der Geldflut und günstiger Kredite einen Bauboom gegeben.

Bei unseren Wanderungen über die herbstliche Insel sahen wir nun eine Vielzahl von stillgelegten Baustellen. Häuser, die kurz vor der Fertigstellung standen, wurden nicht vollendet. Auch noch so kleine Gartenparzellen wurden aktiviert und mit heimischem Gemüse bepflanzt.

Eine Erklärung für die Hintergründe gab uns unser griechischer Freund Miltiades. Er berichtete aus der eigenen Situation. Sein Gehalt als Gymnasiallehrer hatte die Regierung um mehr als 30 % Prozent gekürzt. Wir wussten, dass er ein sparsam lebender Mann war. Doch wie sollte er mit den verbleibenden achthundert Euro sein Haus, seine Familie, sein Auto und seinen Lebensunterhalt realisieren?

Im Vergleich zu den Lebenshaltungskosten in Deutschland war das Leben auf Leros relativ teuer. Lebensmittel, Obst und Gemüse wurden aus den nördlichen EU-Staaten importiert und teuer angeboten.

Der tägliche Gang zum Lebensmittelgeschäft war ein ständiger Beweis dafür. Wir lebten erst seit kurzer Zeit auf der Insel und hatten immer noch die deutschen Preise im Kopf.

Fragen nach dem Sinn tauchten bei uns auf. Warum wurden Tomaten aus Holland importiert? Hier, in dem mediterranen Klima, war ein idealer Standort für den Anbau von Tomaten! Gut, sie sahen nicht so genormt und schmackhaft aus wie die heimischen, aber diese schmeckten zumindest nach Tomaten und nicht wässrig.

Warum war die angebotene, aus Deutschland importierte Milch, vierzig Cent günstiger als die griechische? Und warum wurde Knoblauch, dass ich als heimisches, delikates Gemüse ansah, aus China importiert? Antworten auf diese Fragen bekam ich, trotz intensiver Nachfrage, nicht!

Seit der ersten Aufenthalte in Griechenland hatten wir gravierende Veränderungen erlebt. Im Angebot der Geschäfte waren früher fast ausschließlich griechische Produkte. Das hatte sich in den vergangenen Jahren verändert.

Die Geschäfte, vom Lebensmittelladen bis zum Baumarkt, wurden in zunehmenden Maße mit Produkten aus den nördlichen EU-Länder gefüllt. Besonders die Vielzahl der deutschen Produkte war bemerkenswert. Was steckte dahinter?

Es musste eine Strategie sein, die einerseits die heimische Produktion in vielen Bereichen benachteiligte, um gleichzeitig die Exporte aus EU-Ländern auszuweiten.

Ein gutes Beispiel hierfür erschien mir das Treffen mit Kostas. Eine zufällige Begegnung am Strand. Kostas fuhr einen Pickup, eigentlich viel zu groß für die schmalen Straßen auf Leros.

Er erzählte uns voller Stolz von seiner ehemaligen Orangenplantage mit über fünfhundert Orangenbäumen.

Jahrelang hatte er von dem Erlös der Orangen gut gelebt.

Bis er vor zwei Jahren ein großzügiges Angebot der EU erhalten hatte. Die Marktsituation erforderte, so der entsprechende Kommissar der EU, eine Reduzierung der Anbauflächen für Orangen. Man bot ihm über fünfzigtausend Euro für die Abholzung seiner Bäume.

Leider, so sah Kostas es jetzt, konnte er der Versuchung nicht widerstehen und stimmte dem Angebot zu. Und nun, so bedauerte er sichtlich, hatte er zwar einen großen Pickup aber keine Plantage mehr. Und er wusste auch nicht, wie er seinen Lebensunterhalt bestreiten sollte.

Im Laufe der Zeit wurden wir zunehmend mit der Rolle der EU und deren Finanzierung von verschiedenen Projekten vertraut und konnten die Sinnhaftigkeit nicht nachvollziehen.

Bereits vor Jahren hatten die Entscheider von Leros eine große Baumaßnahme geplant: »Wir bauen in der Nähe des Flughafens einen Stausee.«

Eine sicherlich sinnvolle Maßnahme, denn die Wasserknappheit durch die langen, trockenen Sommer stellte ein jährlich wiederkehrendes und ernstzunehmendes Problem dar.

Mit Hilfe von EU-Geldern wurde in er Nähe des Flughafens mit dem Bau der notwendigen Staumauer begonnen. Ein großes Tal sollte als Stauraum für das von den Bergen kommende Wasser dienen. Leider fiel auch ein wunderbarer Wald dem Bauvorhaben zum Opfer.

Ein Monument für die Ewigkeit wurde errichtet. Leider ohne die geplante Funktion, denn aus welchen Gründen auch immer, Wasser wurde nicht gestaut. Selbst in den regenreichen Monaten Januar und Februar stand in dem riesigen Areal nur wenig von diesem wertvollen Nass.

Es war aber bereits nach einigen Tagen wieder in unsichtbaren Kanälen verschwunden – so wie das Geld der EU. Zumindest ein überdimensioniertes Schild zeugt noch von dieser Geldverschwendung.

Die Reihe von diesen Schandtaten ließe sich endlos fort-führen. Wie zum Beispiel eine aufwändig gebaute Sporthal-le, die mehrere Kilometer von den nächsten Häusern erbaut wurde und so gut wie nie genutzt wird, oder eine mehrere Kilometer lange Straße, die ins Niemandsland führt.

Hatte ich mich schon in Deutschland über verschiedene Objekte gewundert, die von der EU finanziert wurden, so fehlte mir hier im fernen Griechenland absolut das Ver-ständnis.

Bei den gewaltigen Summen, die hier auf der kleinen Insel buchstäblich fehlinvestiert wurden, drängte sich, zu-mindest bei mir, immer mehr die Frage auf, ob es nicht sinnvoller gewesen wäre, wenn sich mal ein Verantwort-licher in ein Flugzeug gesetzt hätte, um die Sinnhaftigkeit der diversen Objekte zu prüfen.

Bereits in den ersten Wochen unseres Aufenthaltes in un-serer neuen Wahlheimat bemerkten wir die große Anzahl von Kindern und Jugendlichen. Unser Gymnasiallehrer Mil-tiades konnte uns aus erster Hand über die Zukunft der nachwachsenden Generation berichten.

Sie hatten keine! Jedenfalls nicht auf dieser Insel.

Leros verfügte über keine Industrie und nur wenige Handwerksbetriebe. Die Beschäftigung im Tourismus be-schränkte sich auf die Sommermonate. Laut Miltiades blieb den Jugendlichen nur die Möglichkeit in anderen Regionen Griechenlands oder gar im Ausland eine berufliche Per-spektive zu suchen.

Warum kam im fernen Brüssel niemand auf die Idee, EU-Gelder in diesem Bereich einzusetzen?

Kapitel 11

Die Schulkarriere unseres Sohnes Alexander verlief ohne Probleme. Jeden Tag nach Beendigung der Schulstunden befragten wir ihn nach seinen Erfahrungen. Die Antworten stimmten uns positiv. Er verstand zwar in den ersten Tagen wenig oder gar nichts, kam aber bereits nach kurzer Zeit mit den ersten Vokabeln nach Hause. Gern hätten wir als Eltern an einer Schulstunde teilgenommen, aber es schien nicht möglich.

Vielleicht auch besser so. Die Schilderungen des Schulalltags machten uns Mut. Die Rede war von ersten Freunden und den gemeinsamen Aktivitäten während der Pausen.

Warum sollte es in griechischen Schulen anders sein als überall auf der Welt – die Pausen sind doch immer noch das Wichtigste an der Schule.

Auch bei uns besorgten Eltern hatte der Schulbesuch einen positiven Aspekt. Durch die Regelmäßigkeit des Schulbesuches hatten wir plötzlich, zumindest die Morgenstunden, zur freien Verfügung. Die noch zu erledigen Kleinigkeiten der Hausverschönerung und natürlich die Betreuung der uns verbliebenen Kunden nahm die Zeit komplett in Anspruch.

Mitte September traf der, von uns sehnlich erwartete, Möbeltransporter auf der Insel ein. Herr Schneider, ein Einzelkämpfer unter den Transporteuren mit dem Ziel Griechenland, war uns seit der ersten Begegnung in Deutschland sympathisch.

Wir hatten uns bereits Monate vor unserem Aufbruch in Deutschland kennengelernt. Mit seinem LKW fuhr er bereits seit mehr als zehn Jahren die Route Griechenland und zurück.

Seine offene Art, die interessanten Geschichten über die Balkanroute und seine langjährige Erfahrung hatten uns das Vertrauen gegeben, unsere wertvolle Fracht nach Leros zu transportieren.

Er war ein Spezialist, das merkten wir durch die exakte Terminplanung.

Da er die Tour nur dreimal im Jahr fuhr, konnte er uns im Voraus den genauen Ankunftstermin nennen. Tatsächlich, zwei Tage vor dem vereinbarten Termin schrieb er uns ein Mail mit der Ankündigung seines Eintreffens. Mit dem Fährschiff aus Piräus kommend, erreichte er mit seinem Gefährt die Insel.

Als der LKW durch die riesige Laderampe der Fähre verließ, war uns sofort klar: Der ist für diese Insel überdimensioniert. Wir mussten auf einen kleinen Truck umladen.

Hier machte sich der Vorteil, in einer Schulgemeinschaft aktiv zu sein, bemerkbar. Der Vater eines Mitschülers bot seine Hilfe an. Der Transporter würde die Möbel und den unvermeidlichen Krimskrams sicher durch die engen Gassen unseres Ortsteils zu unserem Haus transportieren.

Die Umladeaktion und der Transport war nichts für meine Frau. Zu sehr war sie um ihre antiken Erbstücke und deren Handhabung besorgt. Wie ich gestehen muss, teilweise zu Recht. Obwohl alles sehr sorgsam verpackt und gesichert war, mangelte es offensichtlich den Männern an Feingefühl für diese wertvolle Fracht.

In atemberaubender Geschwindigkeit beluden sie die gesammelten Werke auf der Ladefläche des Transporters. Der Weg vom Hafen zu unserem Haus war schon etwas abenteuerlich, denn bei der, nicht unbedingt angepassten Fahrweise, schwankte die Ladung hin und her.

Mit dem Gedanken an die möglichen Folgen und die Reaktion meiner Frau musste ich, ebenfalls auf der Ladefläche stehend, des Öfteren stützend eingreifen. Wie wir die Fahrt ohne Schaden überwunden hatten, ist mir im Nachhinein schleierhaft.

Die Hausmanagerin konnte jedoch alle wertvollen Objekte unversehrt in Empfang nehmen und den vorgesehenen Platz zuweisen. Mit den vertrauten Möbeln wurde unser Haus nun endgültig zu unserem Zuhause.

Auch der Tagesablauf wurde allmählich für uns zur

Routine. Morgens Schule, für uns eine willkommene Zeit, die wir mit Arbeit am Computer und diversen Verschönerungen am Haus verbrachten. Nachmittags Schularbeiten, die mit dem Versuch verbunden waren, mit den Geheimnissen der griechischen Sprache vertraut zu werden.

Die Belohnung für den täglichen Ablauf gönnten wir uns in den Abendstunden beim ausgiebigen Schwimmen an den nahe gelegenen Stränden.

Erstaunlich schnell hatte sich ein Alltag eingestellt, der sich jedoch wesentlich von dem Leben in Deutschland unterschied.

Erstmalig konnten wir den Herbst auf Leros erleben. Immer noch angenehme Temperaturen, warmes Wasser und kein Regen in Sicht. Welch ein Unterschied zu dem uns gewohnten Herbst. Unseren Vorstellungen vom Leben im Freien kam das sehr entgegen.

Und dann kam die Zeit der Olivenernte. Als Liebhaber des köstlichen Öls hatten wir schon in der Vergangenheit viel darüber gelesen. Auf unseren Wanderungen durch eine Vielzahl von Olivenplantagen verfolgten wir den Reifegrad der Oliven und schon bald ergab sich die Möglichkeit, aktiv an einer Ernte teilzunehmen.

Maria hatte auf ihrer Plantage außer den vielen Orangenbäumen eine Vielzahl an, voll hängenden, Olivenbäumen und brauchte dringend Hilfe.

Warum auch immer, allein das Wort Olivenernte hatte für mich immer eine gewisse Faszination gehabt. Und sofort stimmte ich einem Arbeitseinsatz zu.

Voller Tatendrang und Vorfreude fuhren wir in den Morgenstunden zu unserem Einsatzort. Ein Einheimischer war wohl noch früher aufgestanden und war bereits dabei, die Früchte vom Baum zu schlagen.

Diese etwas brachiale Art der Ernte hatte nun gar nichts mit meiner romantischen Vorstellung zu tun. Durch den motorbetriebenen Dreschflegel war diese Methode allerdings sehr effizient.

Massenweise regneten die Oliven auf ein unter dem

Baum liegendes Netz.

Neugierig wie ich war, untersuchte ich einzelne Früchte. Sie schienen keinen Schaden genommen zu haben und nur einige Blätter wurden durch die Wucht des Flegels abgerissen.

In meiner gedanklichen Vorbereitung hatte ich von meditativem Kämmen oder Pflücken geträumt. Eine jahrhundertealte, traditionelle Art der Ernte. Aber warum sollte in diesem traditionsreichen Land nicht auch der Fortschritt Einzug gehalten haben?

Was folgte, war einfach nur Arbeit. Von wegen meditativ! Netze zusammenrollen und in einen Rüttler entleeren, Blätter und Stöckchen entfernen, die Oliven in Säcke füllen und an einen Sammelort schleppen. Und das bei Sonnenschein und über fünfundzwanzig Grad.

Nach drei Tagen hatten wir es geschafft. Zwar schmerzte mir von der ungewohnten Arbeit jeder Muskel, aber die Aussicht auf die Ölmühle und das Zusehen, wie aus den Früchten das Öl gewonnen wurde, gab mir neue Motivation.

Der Tag fing gut an. Mit dreihundert Kilogramm Oliven beladen fuhren wir mit einem altertümlich anmutenden, dreirädrigem Gefährt auf der Ladefläche durch entlegene Gebiete der Insel zur Ölmühle in Lakki.

Allein diese Fahrt war eine Belohnung für die Mühen der letzten Tage. Zwar knatterte und stank das altersschwache Auto und holperte durch Berg und Tal, aber der Sonnenschein, das blaue Meer und die wunderbare Landschaft machten die Fahrt zu einem besonderen Erlebnis.

Viel zu schnell erreichten wir die Ölmühle. Andere Plantagenbesitzer und Erntehelfer warteten bereits geduldig auf die Verarbeitung ihrer kostbaren Früchte.

Ein reges Treiben herrschte in der kleinen Halle. Einzelne Oliven wurden begutachtet, intensiv besprochen und die Ernte diskutiert. Leider verstanden wir wieder nichts, wurden aber durch den englischsprachigen Besitzer freundlich empfangen und er erklärte uns den gesamten Prozess.

Zuerst mussten wir jedoch eine Probe des fertigen Öls nehmen. Unkompliziert schüttete er etwas Olivenöl auf einen kleinen Teller, reichte Weißbrot und Salz dazu.

Da er uns zu Recht als Ausländer, also als Unwissende, eingestuft hatte machte er uns vor, wie wir diese Probe essen sollten. Brot in das Olivenöl tauchen, Salz darauf und fertig. Es schmeckte köstlich und dieses einfache Rezept fand sogleich den Einstieg in unsere tägliche Küche.

Für mich als technisch Interessiertem, war der Auflauf der Verarbeitung von großem Interesse. Stück für Stück erklärte mir der Besitzer die Funktionsweise.

Die in Deutschland hergestellte Anlage bestand aus vier Sektionen. Durch ein Förderband wurden die Früchte in eine Waschanlage transportiert.

Schon hier wieder neue, völlig unbekannte Überraschungen für mich. Hatte ich immer geglaubt, die Oliven seien schwarz oder zumindest dunkelblau, bestand der Hauptteil auf dem Fließband aus einem Gemisch von Gelb über Hellgrün, Dunkelgrün bis hin zu Blau, Violett und Schwarz. Außerdem waren sie ungewöhnlich klein.

Der Inhaber klärte mich auf. Entscheidend für die Qualität sei die Kürze der Zeit zwischen Ernte und Pressung. Je kürzer, desto besser sei die Qualität.

Die eingelegten Sorten, die für den Verzehr auch nach Deutschland produziert wurden, hätten einen geringeren Ölanteil als die Kleinen. Die Färbung könne variieren und diese Sorte sei aufgrund des hohen Ölgehalte s ideal für die Ölgewinnung. Wieder etwas dazugelernt!

Nach der ausgiebigen Waschung mit Wasser in einer rotierenden Trommel, gelangten die Oliven in ein Knetwerk und wurden hier zu einem hellbraunen Brei verarbeitet.

Zwei riesige Zentrifugen trennten anschließend die Maische von dem Wasser und den festen Bestandteilen und leiteten über ein Rohrsystem das fertige Öl zur Abfüllstation.

Goldgelbes Olivenöl floss langsam in die bereitgestellten Behälter.

Eine Probe wurde genommen und uns zusammen mit

etwas Brot gereicht. Auch wenn sich die Aromen des Öls erst nach dreimonatigem Reifeprozess entwickeln sollten, schmeckte es würzig, leicht pfefferig, aber keinesfalls bitter.

Ein außerordentliches Geschmackserlebnis – wir wussten jetzt, wie natives Olivenöl hergestellt wurde und stellten einen deutlichen Unterschied zu dem bisher gekauften fest.

Aus den dreihundert Kilo geernteten Früchte hatten wir achtzig Liter Öl gewonnen. Ein gut schmeckender Lohn für die Arbeit der vergangenen Tage.

Kapitel 12

Der Herbst neigte sich dem Ende zu. Nach der langen, trocknen Zeit erfrischten erste, willkommene Regenschauer die Insel. Die Temperaturen fielen und es kündigte sich der Winter an.

Es war an der Zeit, das immer noch warme Wasser zum Baden zu nutzen. Für uns Nordländer kaum zu verstehen, hatten die Einheimischen die Badesaison bereits Ende September beendet. Man bereitete sich, es war erst Mitte November, auf die kalte Jahreszeit vor.

Während wir noch leichtere Kleidung trugen, war es für die Griechen an der Zeit, die Winterkollektion aus dem Schrank zu holen.

In der täglichen Begegnung ein starker Kontrast für uns. Ausländer. Wir waren leicht an der Bekleidung zu erkennen. Einheimische erfreuten sich an gefütterten Stiefeln, Wintermänteln und dicken Schals. Was würden sie erst anziehen, wenn der Winter tatsächlich auf der Insel Einzug halten würde?

Auf unseren Wanderungen über die Insel entdeckten wir überraschend viele Reliquien der Vergangenheit. Schade, dass den Griechen wenig an deren Erhaltung gelegen war.

So hatten wir auf einer Wanderung Gemälde aus dem Zweiten Weltkrieg in einem verfallenen italienischen Gebäude entdeckt.

Die Wände waren während der deutschen Besatzungszeit von einem deutschen Soldaten mit großformatigen Skizzen und aufwändigen Malereien verziert. Die Farben hatten im Laufe der Jahre zwar teilweise ihre Brillanz verloren, waren aber so faszinierend, dass mit Sicherheit in einem deutschen Museum einen Platz bekommen hätte. Leider wurde das Gebäude als Ziegenstall genutzt und sah entsprechend aus.

Bei unserem Gespräch über die Vernachlässigung der historisch wertvollen Objekte kam uns die Idee, für Insel- und Geschichtsinteressierte einen Wanderführer zu erstellen.

Begeistert von dieser Idee machte sich meine Frau an die Arbeit. Konzept erarbeiten, Fotos sondieren und Layout erstellen waren für sie eine willkommene Tätigkeit in den nächsten Tagen.

Das Problem war nur, dass wir während unserer Wanderungen keine Aufzeichnungen gemacht hatten. Also mussten wir die ausgesuchten Wanderungen noch einmal machen, und dieses Mal mit Notizblock.

Wieder durchstreiften wir die Insel, waren jedoch erstaunt, wie viele neue, erwähnenswerte und sehenswerte Details wir entdeckten.

Durch die ersten Regentage hatte sich die Landschaft verwandelt. Die Vegetation hatte auch die, im Sommer kargen Berghänge, in ein Meer von frischem Grün verwandelt. Die trockenen Bäume, Büsche und Pflanzen waren zu neuem Leben erwacht und gaben der Landschaft ein völlig neues Gesicht. Eine gute Gelegenheit, neue Fotos für den Wanderführer zu machen.

Die Herstellung des Wanderführers sollte uns in den nächsten Monaten in Atem halten.

Die ersten Gespräche mit griechischen Geschäftsleuten mit dem Ziel einer möglichen Zusammenarbeit verliefen immer in einem ähnlichen Muster ab und waren damit wenig zufriedenstellend.

Nach einer anfänglichen Begeisterung über die von mir präsentierten Produkte und deren Qualität führten die Gespräche zu der prekären Finanzsituation Griechenlands und speziell den Möglichkeiten hier auf der Insel.

Die Touristensaison sei dieses Jahr sehr schlecht verlaufen und überhaupt sei die Saison nur auf die Monate Juli und August beschränkt und damit viel zu kurz. Man wisse nicht, wie die man die Zeit bis zum nächsten Jahr finanziell überstehen sollte.

Die Startbahn des Flughafens sei zu kurz für größere Flugzeuge und die Fährverbindungen zu den anderen, weitaus bekannteren Inseln wie Kos und Samos sehr schlecht.

Außerdem sei der Staat für einen höheren Bekanntheitsgrad der Insel zuständig und müsse hierfür die entsprechende Werbung machen.

Im Gegensatz zu mir, der die Insel durch die Wanderungen mittlerweile recht gut kannte und mit dem immer noch vorhandenen Blick eines Touristen die Attraktivität der Insel erkannte, wurde mir immer wieder beteuert, es gebe nichts Besonderes.

Für mich eine typische Betrachtung von Insulanern, die nicht verstanden, dass der Blick von außen der wichtigere ist und nicht der von innen.

Mein Einwand, es sei doch wichtig, für die Unternehmen außerhalb der Insel Werbung zu machen um neue Touristen zu aktivieren, wurde weitestgehend nicht verstanden oder man wollte es nicht verstehen. Ich war mir nie ganz sicher.

Immer wieder wurde mit großer Begeisterung von dem starken Tourismus der in Sichtweite liegenden Türkei gesprochen. Da wir dieses Land oft bereist hatten, konnte ich den Gesprächspartnern den Unterschied im Wesentlichen erklären.

Ein Beispiel stellte ich des Öfteren heraus: Der grundsätzlich unterschiedliche Service in den beiden Ländern.

Hatten wir bei unseren Reisen in die Türkei immer wieder einen hervorragenden Service erfahren, stellten wir in Griechenland und ganz besonders auf dieser Insel fest, dass dieser Aspekt sehr vernachlässigt wurde.

Teilweise recht ungläubig folgten die Inhaber meinen Ausführungen. Um den Unterschied an einer Kleinigkeit deutlich zu machen, fragte ich sie, ob sie hier auf Leros schon einmal in einem Restaurant einen Kinderstuhl gesehen hätten.

Die Antworten waren immer wieder amüsant, denn den fragenden, ungläubigen Blick kannte ich schon seit einiger Zeit. Kein Wunder – es gab auf der gesamten Insel nicht einen einzigen.

Besonders schwierig wurde es dann, wenn das Gespräch auf die Kosten einer Werbemaßnahme kam. Schon lange hatte ich mich von unseren deutschen Stundensätzen, die für unsere Branche immer sehr moderat gewesen waren, hier in Griechenland verabschiedet. Tatsache war jedoch, dass Werbung, in welcher Form auch immer, etwas mit Geld ausgeben zu tun hat.

Dieser Aspekt war den einheimischen Unternehmern jedoch nur sehr schwer zu vermitteln. Egal, welche Preisvorstellungen ich äußerte, es war viel zu teuer!

Einerseits wollten sie ihre Unternehmen werblich hervorheben, aber andererseits waren sie nicht bereit, ein einigermaßen erträgliches Entgelt dafür zu zahlen. Bei mir zog das eine gewisse Ratlosigkeit nach sich.

Eine Frage stellte sich mir immer wieder. Sollten wir als erfahrene Werbeleute für den Preis eines Cappuccinos, also drei Euro in einem Café, pro Stunde arbeiten und den Unternehmen erstklassige Materialien zur Verkaufsförderung erstellen? Wohl kaum!

Fazit aus den ersten Gesprächen: Ich musste noch viel über die griechische Denkweise lernen!

Bei der Kritik an den verantwortlichen Stellen der Regierung gab ich jedoch meinen Gesprächspartnern teilweise Recht. Die Strände verfügten weder über Duschen noch über Umkleidekabinen und die Sauberkeit ließ auch zu Wünschen übrig. Dieses lag aber eindeutig in der Verantwortung der Gemeinde. Ebenso wie die Entsorgung des Mülls.

Es war schon schaurig anzusehen, wie die Strände in den Wintermonaten zunehmend mit Müll jeglicher Art überzogen wurden. Sicherlich ein weltweites Problem, aber die Einstellung der Griechen zum Thema Müll und deren Entsorgung war für uns sortierwütigen Mitteleuropäer kaum nachvollziehbar.

Der verschwenderische Umgang der Geschäfte mit Plastiktüten nervte uns schon lange. Es fiel teilweise schwer, bei dem Kauf einer Kleinigkeit die aufgedrängte Verpackung abzulehnen.

Der Tagesmüll landete unsortiert in kleineren Müllttonnen, die frühmorgens mit Hilfe von Eseln geleert wurden.

Wo dieser Müll blieb, stellten wir auf einer unserer Wanderungen fest. Auf einem Berg in der Nähe von kleineren Ortschaften befand sich die Müllverbrennungsanlage.

Ohne Beachtung der Inhaltsstoffe wurde unter freiem Himmel alles verbrannt. Eine ständige, weiß bis dunkelschwarze, Wolke zeugte von der permanenten Umweltverschmutzung.

Die Erziehung zu einem Umweltbewusstsein schien auch in der ersten Klasse unseres Sohnes keine wichtige Rolle zu spielen. Im Kunstunterricht hatte er die Hausaufgabe bekommen, ein Schiff zu basteln.

Mir als alter Waldörfer ging sofort die Fantasie durch. Holz... natürlich musste das Schiff aus Holz gebaut werden. So richtig schön, mit weißen Segeln und allem Drum und Dran.

Mein Sohn nahm mir schnell diesen Traum und legte den Rumpf des Schiffes auf den Tisch. Es war eine Plastikflasche. Laut seiner Lehrerin sollte das Schiff aus dieser Flasche gebastelt werden!

Aus Pflichtbewusstsein half ich ihm widerwillig bei der Herstellung des Schiffes. Sehr zum Gefallen unseres Sohnes bauten wir anschließend ein richtig schönes Segelschiff aus Strandgut.

Das Plastikgebilde gab er am nächsten Tag bei der Lehrerin ab und erhielt sogar ein Lob für die gelungene Arbeit. Unser Schiff hängten wir als Dekoration an die Wand.

Die Vorweihnachtszeit verlief äußerst ruhig.

Wohltuend, im Unterschied zu unserem Heimatland, war die geringe kommerzielle Einstimmung auf das große Fest. Keine Weihnachtsmänner in den Geschäften. Keine öffentliche Berieselung mit verkaufsfördernder Weihnachtsmusik und natürlich auch kein Weihnachtsmarkt mit Glühwein. Alles Dinge, auf die wir gerne verzichteten.

Und dann kam die Sache mit dem Weihnachtsbaum. Eindeutiger Wunsch der Kinder: »Wir wollen einen schönen Weihnachtsbaum mit ganz vielen Kugeln dran. Aber einen aus der Natur und nicht aus China!«

Die Jagd nach einem entsprechenden Baum hatte es in sich. Die Recherche bei Einheimischen hatte uns zu einer Baumschule geführt, die am anderen Ende der Insel lag. Die Dringlichkeit ließ uns mit dem Fahrrad, auch noch bei schlechtem Wetter, die lange Strecke zurücklegen.

Tatsächlich, der Besitzer strahlte, als wir ihm unseren Wunsch vortrugen. Er, als cleverer Geschäftsmann, hatte in Erwartung einer steigenden Nachfrage durch die auf der Insel lebenden Ausländer, mehrere Bäume aus Finnland importiert.

Stolz präsentierte er uns seine Kollektion, die aus drei Bäumen bestand. Unsere Begeisterung hielt sich allerdings in Grenzen, denn die Bäume hatten den langen Transport nicht gut überstanden. Durch den Wassermangel hatten die Nadeln eine braune Färbung angenommen und der Baum hätte den Weg zu unserem Haus wohl kaum geschafft.

Durch den Zustand und den Preis von stolzen neunzig Euro, kamen wir schnell zu der Entscheidung weiter suchen zu müssen.

Langsam wurde die Zeit bis zum Heiligen Abend knapp. Mein Vorschlag, ohne einen Baum sei es doch auch ganz schön, wurde von meiner Familie entrüstet abgelehnt.

Bei dem Einkauf für die Feiertage in dem größten Supermarkt der Insel sahen wir ihn plötzlich. Ein wunderschönes Exemplar. Genau die richtige Größe mit allem was zu einem Weihnachtsbaum gehört. Allerdings mit einem Fehler. Er war aus Plastik!

Ein Verkäufer mischte sich in unsere Grundsatzdiskussion, Plastik oder nicht, ein und erklärte uns, dieser Baum sei nicht zu verkaufen. Der Motor für die Drehung und die integrierte Blinkanlage seien defekt.

Diese technischen Probleme nahmen wir gern in Kauf und nachdem wir uns mit etwas Unbehagen für die chinesische Variante entschieden hatten, konnten wir den Verkäufer überzeugen, uns den Baum zu verkaufen. Wir nahmen das Prachtstück mit nach Hause.

Ausgerechnet am Heiligabend holten uns die Auswirkungen der voranschreitenden griechischen Krise ein.

Pünktlich zur Bescherung fiel der Strom für mehrere Stunden aus.

Unserer Stimmung tat das keinen Abbruch. Im Gegenteil. Bei Kerzenschein genossen wir einen romantischen Abend.

Es war ein aufregendes, aber schönes Jahr, das wir mit unserer kleinen Familie in unserem neuen Zuhause feiern konnten.

Das neue Jahr konnte beginnen.

Mitten ins Blau

Teil 2

Kapitel 1

Es war Nacht. Fünf Uhr morgens und noch genügend Zeit, sich nochmals umzudrehen und den Träumen nachzuhängen.

Plötzlich, wie aus weiter Ferne, drang die Stimme meiner Frau an mein Ohr. »Es regnet!« Mit dem Gedanken an unsere neuen Fenster, sie wurden erst vor zwei Monaten eingebaut und waren bestimmt dicht, träumte ich weiter. Für uns als Mitteleuropäer ist es doch nun wirklich nicht unbedingt erwähnenswert, dass es regnet. Was soll denn schon passieren?

Jetzt lebten wir schon seit über einem halben Jahr auf »unserer Insel«, hatten die Anfangsschwierigkeiten mehr oder weniger gut gemeistert und waren auf bestem Wege, uns als Deutsche in unserer neuen Wahlheimat zu integrieren. Regen und die damit verbundenen Auswirkungen hatten wir allerdings noch nicht erlebt.

Herrlich und gemütlich, wie durch den Wind die Regentropfen an die Scheiben prasselten, allerdings mit zunehmender Stärke.

Die Stimme aus dem Hintergrund drang nun etwas intensiver an mein Ohr. »Irgendwo tropft Wasser!«

Jetzt war endgültig Schluss mit gemütlich. Ein Sprung aus den Federn und schon zeichnete sich das mich umgebende Chaos ab. Der einsetzende Sturm trieb den Regen waagerecht an Fenster und Türen. Die Fenster, wie gesagt ganz neu, waren nicht dicht! Immer mehr Wasser floss hindurch und bildete kleine Bäche, die sich einen Weg durch den Holzfußboden suchten, um sich dann im Erdgeschoss in immer größer werdenden Pfützen zu sammeln.

Panik brach aus. »Was sollen wir machen?«. »Wo sind die Handtücher?«. Jetzt war Kreativität gefragt. Die neuen Badehandtücher wurden zu Rollen geformt und als zusätzliche Wassersperre vollkommen zweckentfremdet. Aber es funktionierte. Ein kurzes Aufatmen.

An weiteren Schlaf war nicht zu denken, deshalb der gemeinsame Beschluss, erst einmal in Ruhe zu frühstücken.

Ein Blick aus dem Fenster ließ nichts Gutes ahnen. Kleine Sturzbäche schossen die das Haus umschließenden Fußwege hinab und transportierten alles, was nicht festgewachsen war.

Leider auch Äste, altes Laub und Müll aus den oberen Gebieten unseres am Hang liegenden Viertels. Das verfügte zwar über eine Kanalisation, die aber war nicht nur alt und in marodem Zustand, sondern durch die Wassermassen völlig überlastet.

Gerade lief der morgendliche Kaffee durch, da kam die nächste Hiobsbotschaft. »Das Esszimmer steht unter Wasser«! Unter enormen Druck spritzte das Nass durch Wand und Fußboden.

Als Erstes galt es die auf dem Boden stehenden Utensilien vor dem permanent steigenden Wasser zu retten. Und davon gab es eine ganze Menge. Handtücher reichten jetzt jedenfalls zur Eindämmung der Katastrophe nicht mehr aus. Schwereres Gerät war notwendig!

Bewaffnet mit Schaufel, Eimer und Besen versuchten wir der Wassermengen Herr zu werden. Ein schier endloser Kampf, denn das Wasser floss immer nach.

Plötzlich, als hätte jemand den Hahn zugedreht, hörte es auf zu regnen. Die Sonne kämpfte sich durch die letzten Regenwolken, der Sturm ließ nach und es schien so, als sei nie etwas gewesen.

Wir waren froh, im letzten Jahr vor dem Beginn des Winters, uns noch einen altertümlichen Ofen für Holz zugelegt zu haben. Schön und dekorativ war er, wenn auch nicht besonders wirkungsvoll.

Jetzt war es an der Zeit, dass er zeigen konnte was in ihm steckte. Ich entfachte den Anzünder, legte trockenes Holz darauf und freute mich über die ersten Flammen.

Kaum hatte ich mich wieder meinen diversen Wischarbeiten zugewandt, fing das Monstrum fürchterlich an zu qualmen. Er sah aus wie eine Lokomotive, die gerade startete. Das Wasser hat sich wohl auch einen Weg durch das Ofenrohr gesucht und floss durch den Aschenkasten wieder hinaus. Das Chaos war perfekt!

Da half nur Eines: Alle Fenster und Türen auf und bei einer Tasse Kaffee auf der Terrasse auf das Abziehen des Rauches zu warten.

Unsere Säuberungsaktion zog sich allerdings noch über den gesamten Vormittag. Dann endlich war es geschafft.

So hatten wir uns den Start ins neue Jahr nicht vorgestellt. Einen Trost hatten wir. Schon lange war die Erneuerung der Kanalisation geplant. Sie sollte in absehbarer Zeit installiert werden.

Einige Tage später traf ich bei einer Einkaufstour unseren deutschsprachigen Tischler. Das konnte kein Zufall sein! Freudestrahlend grüßte er schon von weitem. Natürlich mit der griechischen Floskel »Ti Kanete«.

Ich hatte allerdings aufgrund der Ereignisse der vergangenen Tage keine rechte Lust, die Frage nach meinem Wohlbefinden positiv zu beantworten. Zu sehr steckte mir das überwundene Chaos noch in den Knochen. Konnte es mir dann jedoch nicht verkneifen, ihm meine Meinung mitzuteilen.

Ungewöhnlich ruhig schilderte ich die Problematik seiner Fenster mit dem Wasser. Erzählte ihm etwas über Lippendichtungen, Entwässerungskanäle usw.

Die Resonanz auf meine Kritik steigerte allerdings dann meinen Adrenalinspiegel. Denn da stand der »Meister seines Faches« vor mir. Sagte nichts, hob seine Schultern, verzog seine Mundwinkel und grinste dabei.

Zu einer Reaktion konnte ich ihn doch noch bewegen. Die entsprach einer typisch griechischen Logik. »Wenn du die Klappläden schließt, sind die Fenster auch dicht!«

Mit dieser Aussage war eine weitere Diskussion überflüssig. Was sollte ich sagen? Zurückgeben konnte ich die Prachtstücke der griechischen Handwerkskunst wohl kaum. Nach dieser umwerfenden Lösung wusste ich, wie wir die anstehenden Regentage in unserem Haus verbringen würden. In Dunkelheit!

Der Jahresbeginn war, wie überall auf der Welt, auch Schulbeginn in Griechenland. Unser Sohn freute sich nach den Ferien bereits auf den ersten Schultag im Jahr. Endlich war es wieder soweit. Freunde wiedersehen, Pausen genießen und ganz nebenbei auch noch etwas lernen.

Für uns war diese Freude etwas sonderbar, denn unsere ständige Frage war: »Wie geht das ohne die griechische Sprache?« Mit den wenigen Worten und Sätzen, die er nach nunmehr sechs Monaten Schulbesuch beherrschte, schien die Verständigung mit anderen Kindern für ihn offensichtlich kein Problem zu sein. Aber es ist wohl ein Privileg der Kinder, sich trotzdem zu verständigen.

Für uns, im fortgeschrittenen Alter, schien das weitaus problematischer. Meine griechischen Sprachkenntnisse beschränkten sich auf Begriffe, die ich während der Umbauphase unseres Hauses von den Handwerkern gelernt hatte.

Leider konnte ich mit den griechischen Worten für Sand, Steine und Fliesen im Supermarkt nicht brillieren. Aber wie war der Trost unseres griechischen Freundes: »sigá-sigá«. An diese Aufforderung zur Langsamkeit, eine grundsätzliche Lebenseinstellung auf dieser Insel, mussten wir uns als Deutsche erst noch gewöhnen.

Wie es bereits in dem ersten Halbjahr zur Gewohnheit geworden war, begleitete ich unseren Jüngsten auf dem kurzen Weg zu seiner Schule. Neben dem Sicherheitsaspekt, eine der wenigen Hauptstraßen auf dieser Insel musste uberquert werden, war und ist fur mich dieses »zur-Schule-bringen« immer ein besonderes Erlebnis.

Nicht nur, um Kontakt zu weiteren Eltern und Lehrern zu bekommen und mich mit ihnen auszutauschen, sondern auch über die Lebensabläufe der Griechen mehr zu erfahren. Gravierend war schon mein erster Eindruck. Das Wort »Helikoptereltern« muss in Griechenland erfunden worden sein.

War mir schon in Deutschland eine besondere, teilweise übertriebene Aufsichtspflicht von Eltern aufgefallen, so wurde ich hier von einer übertriebenen Fürsorge überrascht, die mir völlig unbekannt und somit unerklärlich war.

Es fing damit an, dass die Kinder, mit allem was einen Motor hatte, zur Schule gebracht wurden. Auch wenn die Entfernung zur Schule nur eine kurze war.

Also raus aus dem Auto, der Motor lief natürlich weiter, und dann den Schulranzen bis an den Eingang der Schule gebracht. Vorsorglich schnell noch mit Schoko-Croissants von dem naheliegenden Kiosk gekauft, damit die Kinder in der Zeit bis zum Schulende auch mit den entsprechenden Kalorien versorgt waren.

Hatten diese denn nicht zu Hause gefrühstückt? Meine, mir anerzogenen Gepflogenheit, »Keiner verlässt morgens das Haus ohne Frühstück«, erschien mir äußerst antiquiert.

Übergewicht, speziell bei Kindern, ist in der westlichen Welt zu einem großen Problem geworden. Bei meinen Beobachtungen konnte ich zumindest einen Grund dafür feststellen. Ich hatte selten so viele junge Menschen mit Übergewicht gesehen!

Damit nicht genug. Der natürliche Bewegungsdrang der Kinder wurde stark eingeschränkt. Selbst der Sportunterricht hatte einen geringen Stellenwert. Von einigen Eltern, und damit auch den Kindern, wurde dieser boykottiert oder von den Kindern nur halbherzig ausgeführt.

Mit gemischten Gefühlen sah ich dem morgendlichen Ritual zu. Aufgefordert durch einen Pfiff der Direktorin stellten sich die Kinder, nach Klassen getrennt, vor dem Schulgebäude in Reihe und Glied auf.

Nach einer kurzen Ansprache wurde die griechische Flagge gehisst und die Nationalhymne gesungen. Für mich ein sehr ungewöhnlicher Eindruck.

Ich suchte das Gespräch mit der Lehrerin, um mich nach den Fortschritten unseres Sohnes zu erkundigen. Vor den Ferien waren Zwischenzeugnisse verteilt worden. Mehr als erstaunt hatten wir das Ergebnis gelesen.

In allen Fächern wurde die Leistung mit einem »A« bewertet. Also der höchsten Stufe. Das konnte nicht sein?

Wie konnte ein Junge, der nur wenig im Unterricht verstand, mit der höchsten Note bewertet werden?

Die Erklärung der Lehrerin war eine sehr einfache. Es sei eine gute Motivation für die Kinder!

Unser griechischer Freund Miltiades, ebenfalls Lehrer an dem angegliederten Gymnasium, erklärte uns den wahren Hintergrund dieser, nach seiner Meinung, unsinnigen Bewertung.

Da auf dieser kleinen Insel jeder jeden kenne und möglicherweise über mehrere Ecken verwandt sei, wolle es sich niemand durch die Vergabe von schlechten Noten mit den Eltern verderben.

Eine realistische Einstufung erfolge allerdings auf dem Gymnasium. Natürlich dann mit den entsprechenden Konsequenzen.

Also mussten wir akzeptieren, dass in der Klasse unseres Sohnes nur »kleine Einsteins« am Unterricht teilnahmen.

Kapitel 2

Die Regenmonate Januar und Februar waren geprägt durch den normalen Tagesablauf: Schule, Arbeit am Computer, Mittagspause und dann der obligatorische Nachmittagssport als Ausgleich.

Ich, als alter Fußballer, konnte die Begeisterung meines Sohnes für alles was rund ist verstehen und zeigte ihm auf dem nahe gelegenen Sportplatz, was ich alles noch so drauf hatte.

Nach einem raffiniert angeschnittenen Freistoß spürte ich einen Schmerz in meinem linken Fuß. Humpelnd begab ich auf den Heimweg. Meine Frau brachte es auf den Punkt: »Na, hast du es mal wieder übertrieben«?

Ich gab es zwar nicht zu, aber wahrscheinlich hatte sie wieder einmal Recht.

Nach drei Tagen Pflege und keinerlei Schmerzlinderung kam die ultimative Aufforderung: »Du musst zum Arzt!« Was blieb mir übrig? Mit dem Fahrrad fuhr ich die fünf Kilometer bis zum Krankenhaus. Ein mir bis jetzt völlig unbekanntes Gebäude aus italienischer Besatzungszeit.

In englischer Sprache versuchte ich jemanden zu finden, der sich meines Fußes annahm. Eine resolute Schwester hatte die Lage erkannt, ergriff beherzt meinen Arm und führte mich direkt in einen Raum, der offensichtlich die Aufnahmestation darstellte.

Doch wo war ich gelandet? In einem der zwei Betten lag eine spärlich bekleidete junge Frau und mehrere Menschen diskutierten mit einem Weißkittel und umgehängtem Stethoskop. Auch in Griechenland ein untrügliches Zeichen für einen Arzt. In diesem Falle allerdings eine junge Ärztin. Sympathisch sah sie aus, ich fühlte mich gleich besser.

Die Schwester wies mir mit einem gewissen Nachdruck das noch freie Bett zu und forderte mich auf, meinen Oberkörper freizumachen. Wieso das denn, ich hatte Beschwerden am Fuß? Dennoch folgte ich den Anweisungen.

Die obligatorischen Aufnahmeformulare mussten ausgefüllt werden. Als ich der Schwester erklärte, dass ich ein auf der Insel lebender Ausländer war, wandten sich alle Anwesenden mir zu. Fragen prasselten auf mich ein. Fragen nach dem Warum und Wieso. Ein Deutscher, hier auf der Insel und dazu noch einen Sohn, der eine griechische Schule besuchte? Das hatte einen großen Aufmerksamkeitswert.

Mir war es aber ein wenig unangenehm.

Angenehmer wurde es wieder für mich, als sich die Ärztin mir zuwendete. Sie zapfte mir gekonnt Blut ab, überprüfte meinen Blutdruck und klopfte meinen Oberkörper ab. Auf meinen dezenten Hinweis auf meinen Fuß kam von ihr wieder das bekannte »sigá-sigá«.

Nachdem sie sich mit einem wohlwollenden Nicken von meinem allgemeinen Zustand überzeugt hatte, war endlich das Objekt meines Besuches dran. Mit geschickten Fingern versuchte sie, den Grund für meinen Schmerz zu lokalisieren. Leider ohne Erfolg.

Ehe ich mich versah, landete ich in einem altersschwachen Rollstuhl und wurde in die Röntgenabteilung kutschiert. Meine Spannung stieg. Das Monstrum von Röntgenapparat sah etwas veraltet aus, erfüllte aber immer noch seine Funktion.

Nach dem üblichen Procedere hatte ich die Bilder meines Fußskelettes in der Hand und war wieder auf der Fahrt zu meiner Ärztin. Freudestrahlend erklärte sie mir, nach eingehender Überprüfung der Röntgenbilder, der Fuß sei in Ordnung und keinerlei Verletzungen zu sehen.

Mit einem Lächeln drückte sie mir eine Gelenksalbe und die Bilder in die Hand. Ich solle den Fuß in den nächsten Tagen gut eincremen und vor allen Dingen schonen.

Alle Anwesenden wünschten mir eine gute Besserung und schon war ich entlassen. Auf meine abschließende Frage nach der Abrechnung reagierte man, in diesem Fall frau mit einem Lächeln und Kopfschütteln.

Ich nahm es gelassen hin, fragte mich allerdings nach dem Wieso. Aus meinem bisherigen Leben hatte ich die Erfahrung gemacht, dass bereits ein Händedruck eines Arztes Geld kostete.

Und warum in dem so gebeutelten Griechenland nicht?

Wieder mit dem Fahrrad auf dem Heimweg, lief mir Alessandro über den Weg. Ich hatte ihn bereits vor Monaten kennengelernt. Ein italienischer Arzt, der sich mit seiner Frau auf der Insel zur Ruhe gesetzt hatte. Seine Einladung zu einem Kaffee in einem griechischen Kafenion konnte ich nicht abschlagen. Das kam mir nach dem Besuch im Krankenhaus gerade recht.

Ich musste ihm meine gerade erlebte Geschichte erzählen und die großformatigen Röntgenbilder erzeugten sein unmittelbares Interesse. Er hielt die Bilder gegen das Licht schaute sie sich mit einem Stirnrunzeln an. Die Diagnose kam nach wenigen Augenblicken: »Da ist ein Haarriss in dem Mittelknochen!« Na toll – und jetzt?

Wieder machte ich mich auf den Weg zum Krankenhaus. Selbstverständlich nicht ohne mich bei Alessandro für das nette und richtungsweisende Gespräch zu bedanken und ihm den Kaffee auszugeben.

Wieder in der Notaufnahme angekommen, wurde ich mit einem großen »Hallo« der anwesenden Schwestern und Ärztinnen empfangen. Ich erzählte von dem Kaffee, dem italienischen Arzt und seiner Diagnose.

Sofort wurde telefoniert und bereits nach wenigen Augenblicken war ich von weiteren Ärzten umzingelt. Ein kleiner, aber mit mächtigem Bauch versehener Arzt, es musste ein Oberarzt sein, nahm sich der Sache mit dem Röntgenbild und dem abgebildeten Fuß an.

Und tatsächlich! Der Arzt wies auf einen kleinen Riss im Fußknochen. Eine recht lautstarke Diskussion folgte, die ich allerdings nicht verstand. Die Diagnose von Alessandro wurde bestätigt. Allgemeiner Beschluss: Der Fuß musste stillgelegt und mit Gips stabilisiert werden!

Mit meinem Rollator ging es ab in die »Bauabteilung« des Krankenhauses. Hier kam dann die nächste Überraschung. Es gab nicht genügend Gips!

Die griechische Finanzkrise hatte auch hier zugeschlagen.

Der für mich zuständige Pfleger erklärte mir den Hintergrund. Die Klinik habe keine Gelder für die notwendigsten Medikamente und an allen Ecken und Kanten musste gespart und somit improvisiert werden. Selbst die bereits gekürzten Gehälter für das Personal würden seit zwei Monaten nicht gezahlt. Nicht einmal für das dringend benötigte Gips sei Geld da.

Ich war schockiert! Mein Vorschlag, in den nächsten Baustoffhandel zu fahren und den notwendigen Gips zu kaufen, stieß auf wenig Begeisterung.

Die voranschreitende Krise hatte ich im Internet verfolgt. Gerade war von der EU ein weiteres Rettungspaket beschlossen. Die damit verbundenen Renten- und Gehaltskürzungen, die Entlassungen auf Druck der Troika hatte ich registriert. Aber die Konsequenzen in der Realität des täglichen Lebens hatte ich noch nicht kennengelernt.

Die Folgen dieser gnadenlosen Sparpolitik konnte ich nun am eigenen Leibe erfahren. Der Pfleger riet mir, in der nächsten Apotheke einen Spezialschuh zu bestellen.

Er koste zwar zweihundert Euro, aber aufgrund des Gipsmangels hätte ich keine andere Möglichkeit mit meinem Fußproblem zurechtzukommen. Ich merkte ihm an, dass es ihm sichtlich peinlich war!

Er verband mir den Fuß mit dem noch spärlich vorhandenem Material und entließ mich mit einem entschuldigenden Lächeln.

Der nächste Schock erwartete mich in der Apotheke.

Vor mir stand eine ältere Dame. Ich verstand zwar nicht die Kommunikation mit der Apothekerin, aber aus dem Zusammenhang konnte ich das Problem deuten. Sie benötigte dringend ein Medikament für ihr Herzproblem. Der Versuch mit der offiziellen Karte der griechischen Krankenversicherung zu zahlen scheiterte, da die Apothekerin die Karte ablehnte. Sie forderte die Dame auf, den Betrag von über hundert Euro bar zu bezahlen.

Das schien allerdings ein großes Problem darzustellen. Mit Tränen in den Augen verließ die Dame ohne ihre notwendigen Medikamente die Apotheke.

Das Mitleid mit der hilfebedürftigen Frau und das Erkennen der Konsequenzen ließen auch meine Augen feucht werden.

Wo war ich eigentlich gelandet? In einem verarmten und ausgebeutetem Land in Afrika oder in einem Mitgliedsland der Europäischen Union?

Die Bestellung für meinen Spezialschuh wurde gerne entgegengenommen und bereits für den nächsten Tag war die Anlieferung avisiert. Ein schlechtes Gewissen blieb. Ich konnte den stolzen Betrag für meine Hilfsmittel bezahlen, die Dame mit ihren Herzproblemen leider nicht.

Zu meiner Verwunderung konnte ich am nächsten Tag bereits meine Gehhilfe abholen. Mein schlechtes Gefühl blieb. In welch privilegierter Lage befand ich mich? Ich lebte in einem Land, dass am wirtschaftlichen und sozialen Abgrund stand und konnte aufgrund meiner Absicherung in Deutschland mir ohne Probleme die Dinge leisten, die für eine Vielzahl der Griechen unerschwinglich waren.

An weitere Aktivitäten, wie zum Beispiel das Fußballspielen, war aber in naher Zukunft nicht zu denken.

Die Frage nach der notwendigen Intensivierung der griechischen Sprachkenntnisse unseres Sohnes ergab eine einfache Lösung. Wir hatten bereits beim Kauf unseres Hauses Maria kennengelernt. Eine ausgebildete Lehrerin mit internationalem Lebenslauf. Neben vielen Sprachen war sie auch der deutschen und selbstverständlich der griechischen Sprache mächtig.

Mit Maria trafen wir eine Vereinbarung: Sie brauchte Hilfe in ihrem riesigen Refugium mit über dreihundert Oliven- und Orangenbäumen und wir brauchten jemanden, der neben dem Schulunterricht unseren Sohn in die Geheimnisse der griechischen Sprache einführte. Eine ideale Voraussetzung für eine Vereinbarung.

Die Umsetzung war allerdings etwas beschwerlich.

Unsere Transportmittel für weite Strecken waren die Fahrräder. Und das sollte auch so bleiben. Es blieb nichts anderes übrig, als den Sohn nach Schule und Mittagessen auf dem Kindersitz zu platzieren und die vier Kilometer bis zu dem Anwesen von Maria zu radeln.

Ich nahm es sportlich und der sprachliche Fortschritt war bereits nach kurzer Zeit, laut Aussage seiner Lehrerin, deutlich zu spüren.

Meine Gegenleistung für die Übungsstunden bestand aus Tätigkeiten wie Unkraut beseitigen, Holz stapeln und den endlosen Versuchen, die Plantage von Kraut zu befreien.

Mein immer noch in dem Spezialschuh steckender Fuß behinderte mich nicht wesentlich. Eine Plastiktüte als Schutz vor Schmutz und Feuchtigkeit sah nicht unbedingt modisch aus, erfüllte aber ihren Zweck.

Und dann kam es, wie es kommen musste. Ein Anruf aus Deutschland. Mein Schwiegervater war schwerwiegend erkrankt. Das ist das Los aller, die in eine entfernte Stadt oder sogar ins Ausland ziehen. Ein Teil der Familie bleibt zurück, wird auch älter und irgendwann kommt der Tag der ersten, schlimmeren Erkrankung.

Wir hatten immer damit gerechnet, aber als dann der Anruf kam, war die Bestürzung groß. Endlose Telefonate folgten, die jedoch zu keiner definitiven Klärung führten. Es blieb nichts anderes übrig. Meine Frau musste nach Deutschland fliegen. Und das so schnell wie möglich.

Die daraus resultierende Folge waren mehrere Tage, die von Hektik geprägt waren. Flüge buchen, Koffer für das kalte Deutschland packen und natürlich die Frage meiner Frau: »Schafft ihr das mit Schule, Unterricht und dem Haushalt?« Wir konnten nur versichern, dass wir unseren Haushalt in Ordnung halten würden. Eine gewisse Skepsis war meiner Frau anzumerken.

Dann kam der Tag der Abreise. Gemeinsam fuhren wir mit einem Taxi zu dem kleinen Flughafen unserer Insel. Als der Flieger von Athen kam und wir uns verabschieden mussten, war speziell bei uns Männern ein mulmiges Gefühl nicht zu verbergen.

Das Flugzeug hob ab und sehnsüchtig schauten wir ihm nach, bis es in den Wolken verschwunden war. Bei uns war die Stimmung auf dem Nullpunkt, denn wir wussten nicht, wie lange der Aufenthalt in Deutschland dauern würde.

Einfach war es nicht mit der Männerwirtschaft. Der Tagesablauf änderte sich abrupt. Da merkt Mann, was die ordnende Hand einer Frau im Laufe des Tages alles so nebenbei bewerkstelligt. Aber wir gaben uns redlich Mühe, den Haushalt weitestgehend im Griff zu behalten.

Die tägliche Routine führte uns, wie jeden Tag, wieder einmal zu Marias Plantage. Ich ließ die Beiden mit ihrem Griechischkurs allein und widmete mich diversen Instandsetzungsarbeiten. Heute stand das Entfernen einer brüchig gewordenen Pergola auf dem Programm. Eigentlich kein Problem. Schrauben lösen, Gebälk entfernen und schon verschwand das unschöne Monstrum. Soweit die Theorie.

Mit meinem immer noch in dem besagten Schuh steckenden Fuß, ich merkte es kaum noch, stieg ich auf eine Leiter um die entsprechenden Schrauben zu lösen. Plötzlich, ich wusste nicht warum, rutschte diese unter mit weg.

Nach einer gefühlten Stunde, es waren wahrscheinlich nur ein paar Minuten, wachte ich auf dem Boden liegend wieder auf. Etwas benebelt schaute ich mich um und fragte mich, was passiert war. Die Leiter lag zusammengeklappt in einiger Entfernung, die Pergola hing noch und ich lag neben einer Mauer auf dem Rücken.

Ich rappelte mich hoch und ging etwas benommen auf die im Garten sitzende Maria und meinen Sohn zu. Ein Aufschrei empfing mich: »Was ist denn mit dir passiert?«

Ich stammelte Irgendetwas vor mich hin von wegen von der Leiter gefallen. Die Aufregung war groß, denn ich hatte neben dem Auge eine kleine Platzwunde. Das austretende Blut hatte ich noch nicht registriert.

Erste Maßnahme bei einem Verletzten – erst einmal hinlegen. Maria wies mir eine Gartenbank zu, auf der ich mich erholen konnte und versorgte meine Wunde mit einem schnell herbeigezauberten Pflaster.

Da lag ich nun mit meinem tollen Schuh, einer Platzwunde am Kopf und Schmerzen im Handgelenk. Ich hatte wahrscheinlich versucht, mich im fallen von der Leiter mit der rechten Hand abzustützen. Ausgerechnet das Gelenk an der Hand, die mir schon seit Jahren Probleme bereitete. Jede Bewegung war mit großen Schmerzen verbunden.

Bandagiert machten wir uns nach der Erstversorgung von Maria auf den Heimweg. An Fahrradfahren war nicht zu denken, es war ein Fahrradschieben. Es muss ein toller Anblick gewesen sein! Platzwunde am Kopf, Fuß in einem groben Schuh, das Handgelenk provisorisch stabilisiert und wir zwei schiebender Weise auf der Hauptstraße.

Die nächsten Tage waren eine Katastrophe. Die Schmerzen im Handgelenk waren zwar etwas erträglicher geworden, dafür hatte mir der Sturz aufgrund meiner Verletzung am Kopf ein prächtiges, in allen Farben schimmerndes Veilchen beschert.

Als zwischenzeitlich Alleinerziehender hatte ich mich trotzdem um den Haushalt zu kümmern. Doch wie schneidet man zum Beispiel mit einer Hand eine Tomate?

Nur mit Unterstützung meines Sohnes waren die täglichen Pflichten zu erfüllen.

Vor einiger Zeit hatte ich eine sympathische griechische Frau kennengelernt. Auf den Hinweis meiner Frau, mich einmal wieder um mein Äußeres zu kümmern, war ich zu Anna gegangen. Meiner griechischen Spezialistin für die Verschönerung von Köpfen.

Neben mir saß Katerina, die Besitzerin eines namhaften Hotels auf der Insel und gönnte sich eine »Rundumverschönerung«. Zumindest was die Haare betraf. Das Blond stand ihr gut, auch wenn es keine typisch griechische Haarfarbe ist.

Wir kamen ins Gespräch während Anna sich um meine, recht bescheidene, Haarpracht bemühte. Nach dem allgemeinen Smalltalk unterhielten wir uns über die wesentlichen Aspekte. Die Situation des Tourismus auf der Insel, die Saison sei zu kurz und man, oder in diesem Falle frau müssten unbedingt etwas zur Verbesserung dieser untragbaren Situation beitragen.

Da war sie bei mir genau richtig! Nachdem ich mich als Marketingmensch geoutet hatte, sprachen wir sofort über eine mögliche Zusammenarbeit.

Nachdem Anna mir auch noch die Augenbrauen in Form gebracht hatte, tauschten wir unsere Telefonnummern aus und verabschiedeten uns.

Und ausgerechnet jetzt, mitten in meiner desolaten körperlichen Misere, klingelte das Telefon. Es war Katerina. Sie erzählte mir von großartigen Plänen werblicher Art, was sie alles mit ihrem Hotel vorhatte und bat mich um einen Termin. Dem konnte ich nicht widerstehen und sagte zu.

Zwei Tage später war es soweit. Zeitig machten sich mein Sohn und ich uns mit dem Fahrrad auf den Weg. Telefonisch hatte ich Maria über die organisatorische Problematik informiert und konnte den Schüler zum Griechischunterricht bei ihr abliefern. Einige hundert Meter weiter befand sich der Ort meines Termins, das Hotel von Katerina.

Etwas merkwürdig zumute war mir schon. Ich hatte in meiner Vergangenheit schon etliche Termine dieser Art hinter mich gebracht. Allerdings keine in einem solch ungewöhnlichen körperlichen Zustand. Aber was sollte es: Termin ist Termin!

Mit Sonnenbrille, ich musste mein Veilchen ein wenig kaschieren, humpelte ich zielstrebig in die Rezeption des Hotels in der Erwartung Katerina dort anzutreffen. Doch was war das? Eine Gruppe von dreizehn Damen war versammelt und wartete auf den hochgepriesenen Marketingexperten aus Deutschland.

Die Reaktion auf mein imposantes Erscheinen war unterschiedlich. Von neugierig bis »Wer ist das denn?« war alles in den Gesichtern abzulesen. Jedenfalls war die lebhafte Unterhaltung der Damen schlagartig verstummt. Nachdem ich dann noch meine Sonnenbrille abgenommen hatte, ging ein Raunen durch die Reihen.

Das Veilchen kam mit seiner Farbigkeit voll zur Geltung. Welch ein unvergesslicher Auftritt!

Die ersten Minuten vergingen mit der allgemeinen Vorstellung. Schnell hatte sich die mehr als fürsorgliche Damenwelt mit meinen Problemen befasst. Zu jeder Blessur wurden Tipps gegeben. So schnell konnte ich mir die angepriesenen Wundermittel nicht merken. Es mussten wohl griechische Kräuter aus den Bergen von Leros sein.

Nach dieser Annäherungsphase kamen die Damen sehr zielstrebig auf den Punkt. Sie hatten eine Gemeinschaft gegründet, um den Ort Alinda nicht nur werblich in den Vordergrund zu stellen, sondern auch die örtlichen Missstände in Ordnung zu bekommen.

Strände von dem nicht zu übersehenden Müll zu befreien, kulturelle Veranstaltungen zu organisieren und dem Ort eine besondere, saubere und damit eine touristenfreundliche Atmosphäre zu verschaffen.

Und das ganz ohne Männer! Die Antwort auf meine Frage nach den Hintergründen war eine sehr eindeutige und erstaunliche: »Wir haben die Nase voll von unseren Männern. Die sitzen den ganzen Tag im Kafenion, reden nur von Krise, wie schlecht alles geworden ist und machen Nichts!«

Unsere Aufgabe sei es nun, den Ortsteil mit seiner Attraktivität in einer neu zu erstellenden Broschüre zu dokumentieren. Die von mir präsentierten Magazine überzeugten die Damen sehr schnell von der Qualität unserer bisherigen Arbeit und bereits nach wenigen Tagen bekamen wir den Auftrag!

Die Nachrichten meiner Frau waren nicht erbaulich. Der Gesundheitszustand ihres Vaters war weiterhin besorgniserregend. Ihr Aufenthalt würde auf jeden Fall noch länger dauern. Ein Ende war auf keinen Fall abzusehen.

Unser täglicher Kontakt per Telefon und Mail ersetzte zwar nicht den persönlichen Kontakt, konnte aber zumindest dazu beitragen, die täglichen Probleme auszutauschen.

Und davon ab es bei uns eine ganze Menge. Nicht, dass

wir uns beklagen wollten, aber wir hatten unseren Männerhaushalt immer noch nicht so richtig im Griff. Dazu kamen die schulischen Anforderungen.

Durch meinen Zustand fiel die tägliche Fahrt zu Maria und ihrem Unterricht vorerst aus. Das ganze Drumherum mit Essen kochen, Wäsche, Hausaufgaben und Freizeitgestaltung hielt mich ordentlich auf Trab.

Dann kam noch eine besondere Anforderung. Das erste Klassenspiel für Alexander. Texte lernen, Kostüme vorbereiten und den ersten Auftritt vor griechischem Publikum proben. Die Zeit der Vorbereitung war knapp, denn es war nur eine Woche bis zur Aufführung.

Am Tag der Aufführung lief es jedoch wie geschmiert. In der Aula der Schule, ein wunderbares Gebäude aus dem 19. Jahrhundert, versammelte sich die gesamte Elternschaft. Dem Anlass entsprechend hatten sich, zumindest die Damen, herausgeputzt wie bei einem kulturellen Event. Zu sehen waren Abendkleider, hochhackige Schuhe und der reichlich drapierte Schmuck war auch nicht zu übersehen.

In Ermanglung der wenigen Veranstaltungen auf dieser Insel eine willkommene Gelegenheit. Die wenigen anwesenden Herren sahen es wohl etwas gelassener. Ich fühlte mich, nicht nur durch die immer noch nicht zu übersehenden Blessuren, etwas underdressed.

Die Vorstellung der Erstklässler begann mit der obligatorischen Rede der Direktorin. Untermalt mit entsprechenden Videos und für mich ungewohnter martialischer Musik.

Das Motto der Aufführung war wieder einmal irgendein Sieg über die Türken mit der Darstellung der grandiosen Leistung der Griechen. Meine Geschichtskenntnisse waren, zumindest was diesen Teil anbetraf, noch nicht auf dem Laufenden.

Und dann kam der Auftritt. Ich traute meinen Augen nicht. Da stand zwischen seinen Klassenkameraden ein kleiner Mann in einer traditionellen Tracht, mit blonden Haaren und blauen Augen und rezitierte auf Griechisch seine gelernten Sätze. Und das ohne Hänger, laut und deutlich.

Ein Raunen ging durch die Menge. Ein Applaus folgte. Wie ich aus dem Gesicht meines Sohnes lesen konnte, war er sich nicht bewusst, dass der Applaus ihm galt.

Nach der Aufführung, die mit der griechischen National-hymne endete, wurde ich von vielen Eltern umlagert, die mir mit einem strahlenden Lächeln zu dem großartigen Auf-tritt meines Sohnes gratulierten. Wieso gratulierten sie mir? Ich hatte außer den gemeinsamen Übungsstunden nicht viel dazu beigetragen.

Wie ich später erfahren sollte, hatte der Auftritt meines Sohnes erheblich zu unserer Bekanntheit beigetragen. In der Folge wurde ich immer wieder auf dieses Event an-gesprochen. Wie toll der Auftritt gewesen sei und über-haupt. Der erste Deutsche in der Schule. Und dann noch mit einem solchen Auftritt!

Für meine Frau Ute hatte der unfreiwillige Aufenthalt in unserer alten Heimat zwei Aspekte. Einerseits die Sorge um ihren Vater mit täglichen Besuchen in einem nahegelegenen Krankenhaus. Andererseits genoss sie die Nähe zu unserem ältesten Sohn Maximilian.

Mit nunmehr achtzehn Jahren lebte er bereits seit einem Jahr allein in unserer alten Wohnung und bereitete sich auf sein Abitur vor. Sich jetzt von seiner Mutter verwöhnen zu lassen, schien ihm gut zu tun. Meiner Frau offensichtlich auch.

Und er hatte einen Traum! Nach seinem Abitur wollte er mit dem eigenen Segelschiff zu uns in unsere neue Wahl-heimat kommen. Und das allein.

Bereits ein Jahr vor unserer Abreise hatten wir, bis auf den Jüngsten, unsere Bootsführerscheine gemacht.

Seit dieser Zeit war das Thema Segeln zum Dauerthe-ma geworden. Internetseiten mit Bootsverkäufen wurden endlos besucht, Informationen gesammelt und irgendwie war allen klar: Der Traum musste in die Realität umgesetzt werden.

Merkwürdig schon, denn seine Klassenkameraden träum-ten von einer Karriere als hochdotierte Akademiker, Ingenieure oder Banker. Auto als Selbstverständlichkeit inbegriffen.

Und Maximilian träumte von einem Segelboot.

Natürlich nicht irgend eines. Hochseetauglich sollte es sein. Mit allem Drum und Dran.

Unsere Unterstützung hatte er.

In der Großfamilie sah man das teilweise anders. Wie schon vor unserem Umzug nach Griechenland wurden wir wieder mit Argumenten konfrontiert, die für uns wenig verständlich waren. »Wie könnt ihr das verantworten und auch noch unterstützen«? »Er ist doch zu jung für solch ein gefährliches Abenteuer!«

Wir hatten großes Vertrauen in unseren Sohn. In der Vergangenheit gab er uns keinen Anlass, daran zu zweifeln.

Außerdem hätten wir es als schlimmer empfunden, wenn er mit einem ps-starken Auto durch die Gegend fahren würde. Das war jedoch kein durchschlagendes Argument, um die Kritiker verstummen zu lassen.

Aber was sollte es: Hier gab es einen Traum und wir wollten alles uns Mögliche unternehmen, bei der Durchführung zu helfen.

Dann erreichte mich der Anruf unseres Sohnes. »Ich habe ein Schiff gefunden!« Endlose Telefonate folgten. Fragen über Fragen.

Das Objekt der Begierde lag in Wismar an der Ostsee und wurde von einem in die Jahre gekommenden Segler angeboten. Alle erforderlichen Kriterien für ein hochseetüchtiges Segelboot schienen erfüllt zu sein. Da half nur eines: Meine Frau und unser Sohn mussten sich das Schiff ansehen.

Zwei Tage später erhielt ich die Nachricht, die unsere Zukunft nachhaltig beeinflussen sollte. »Wir haben das Schiff gekauft!«

Na prima. Da saß ich nun im fernen Griechenland und konnte mir nur anhand der mir zugeschickten Fotos ein Bild von den zu erwartenden Renovierung erlauben. Aber was blieb mir übrig?

Zumindest konnte ich bei der organisatorischen Abwicklung noch auf meine Kontakte zurückgreifen. Ein Unternehmer stellte eine geeignete Halle zur Verfügung und in Wismar fand ich einen Skipper, der den Transport übernahm.

Für Maximilian begann ein Renovierungsmarathon, um das Schiff nach den Vorstellungen eines jungen Skippers für den großen Traum vorzubereiten.

Aber bis zum Abitur und dem anschließenden Beginn der Reise hatte er noch Zeit.

Wir hatten uns an dem Erwerb des Schiffes finanziell beteiligt, aber eine Vereinbarung geschlossen, dass die Renovierungskosten von ihm getragen werden mussten.

Er akzeptierte das und arbeitete neben der Schule in mehreren Minijobs, um das Geld aufzubringen.

Kapitel 3

Die Nachrichten meiner Frau ließen immer noch nicht auf eine baldige Rückkehr schließen. Wir hiergebliebenen Männer hatten uns das Leben eingerichtet und die Routine sorgte mittlerweile für einen relativ geregelten Ablauf.

Meine Blessuren waren gut abgeheilt, der Schuh entsorgt und ich war schon wieder in der Lage, beidhändig meine Tomaten zu schneiden. Wunderbar, mit zwei Händen arbeiten zu können!

Der Frühling hatte auf der Insel Einzug gehalten. Nur wenige Regenschauer unterbrachen die immer stärker werdende Kraft der Sonne. Das Leben verlagerte sich nach draußen. Zeit, wieder einmal die Insel zu erkunden.

Die Vegetation der Insel hatte sich während der letzten Monate sichtlich erholt. Nach der langen Trockenzeit ließ der Regen die Landschaft in sattem Grün, Rot und Gelb erleuchten. Die Häuser wurden frisch gestrichen und bildeten mit ihrem Weiß einen reizvollen Kontrast zur Landschaft. Ein Blumenmeer überzog das Land bis zu den Bergspitzen.

Auf einer der Wanderungen kam uns die Idee, für die kommende Saison einen Wanderführer zu erstellen. Für den wanderfreudigen Touristen gab es noch keinen Führer, der die Schönheit dieser Insel ausgiebig beschrieb. Jetzt war die richtige Zeit, unzählige Fotos zu schießen und ein Archiv zu erstellen. Auf die Umsetzung wie Layout und Design mussten wir allerdings noch warten. Die Designerin war immer noch in Deutschland.

Auf dem morgendlichen Weg zur Schule lief uns die sympathische Direktorin über den Weg. Mit einem überschwänglichen Hallo wurden wir von ihr begrüßt. Alexander konnte sich von der offenherzigen Umarmung und Küssen nicht retten. Es war ihm sichtlich peinlich, so von seiner Chefin begrüßt zu werden.

Wieso konzentrierte sich das eigentlich auf meinen Sohn?

Bei der Attraktivität der Dame wäre es mir nicht so peinlich gewesen!

Nach dem üblichen »Ti Kanete« kam die Lehrerin jedoch schnell auf den Punkt. Sie benötigte, und das ziemlich schnell, ein ärztliches Zeugnis über den Gesundheitsstand meines Sohnes.

Das hörte sich schon wieder nach viel Aufwand an. Sie konnte mir aber dann das Procedere erklären. Alles sei ganz einfach. Im Hospital, ich war durch meine überstandenen Erlebnisse nicht begeistert, gäbe es einen Kinderarzt, der diese Bescheinigung ausfüllen würde.

Einige Tage später, ich hatte den Termin mehrmals hinausgeschoben, machten wir uns mit dem Fahrrad auf den Weg nach Lakki, der heimlichen Hauptstadt der Insel.

Kaum das Gebäude des Hospitals betreten, wurden wir schon von den Angestellten herzlich begrüßt. Sie hatten offensichtlich meinen Auftritt mit dem nicht vorhandenen Gips nicht vergessen. Aber wie das bei Arztbesuchen wohl sein muss, wurden wir erst einmal auf den vor dem Behandlungszimmer stehenden Stühlen platziert.

Zeit für einige Studien. Ein geschäftiges Treiben war auf dem Flur festzustellen. Schwestern, Pfleger und nicht zu identifizierende Kittelträger schwirrten durch die Tür des Behandlungsraumes. Wir waren wohl nicht die Einzigen, die die Zeit des Kinderarztes in Anspruch nehmen wollten.

Eine Gehilfin des Arztes forderte uns mit energischen Gesten auf, den Raum zu betreten. Doch was war das! Waren wir in einem Kreißsaal gelandet? Eine große Ansammlung von Menschen hatte sich um eine im Bett liegende Frau versammelt. Offensichtlich hatten wir gerade eine offentliche Geburt verpasst!

Alles, was man sich vorstellen konnte, war versammelt. Ein übernervöser Ehemann, lautstark debattierende Angehörige und herumwuselnde Angestellte. Und mitten drin, als ruhender Pol, der Kinderarzt. Mit einem schreienden, noch blutverschmiertem Neuankömmling, den er am Fußgelenk hielt, baumeln ließ und ganz nebenbei sich noch mit der Schwester unterhielt.

Wir hatten Gelegenheit, die Erstversorgung hautnah mitzuerleben. Wo hat man das schon!

Der Arzt strahlte eine unglaubliche Kompetenz aus. Man sah ihm diese förmlich an. Kein Wunder, denn wie wir später erfahren sollten, war er selbst Vater von vierzehn Kindern.

Die Aufregung der Anwesenden hatte sich etwas gelegt. Das Kind kam zurück zur glücklichen Mutter und jetzt waren wir dran. Eine intensive Untersuchung meines Sohnes folgte. Allerdings nicht, ohne sich zwischendurch um den neuen Erdenbürger zu kümmern.

Und wieder diese ungläubigen Fragen nach unserem Leben. Wieder die Fragen, die wir schon oft genug versucht hatten zu beantworten. Zwei Deutsche, die auf dieser Insel lebten und dann noch ein Sohn, der die griechische Schule besucht und zumindest schon ein wenig Griechisch sprach. Das gab Gesprächsstoff genug.

Dann auch noch die Bekanntschaft mit der Assistentin des Arztes. Es stellte sich heraus, dass es eine Nachbarin von uns war. Nach diesem Erlebnis, wir hatten die Eindrücke noch nicht verarbeitet, begaben wir uns auf den Heimweg. Die erhoffte Bescheinigung hatten wir auch.

Endlich eine gute Nachricht aus Deutschland. Meine Frau nannte uns einen möglichen Rückreisetermin. Zwar hatte sich der Gesundheitszustand ihres Vaters nicht erheblich gebessert, aber eine akute Gefahr bestand zu der Zeit nicht. Er wurde in ein Rehazentrum verlegt, um sich von den Strapazen der verschiedenen Operationen zu erholen.

Wir wussten, dass sich das Problem nicht erledigt hatte, aber meine Frau konnte jetzt, nach mehreren Monaten, mit relativ ruhigem Gewissen die Heimreise antreten.

Bei uns galt es nun, alles für die Rückkehr vorzubereiten. Wir hatten alle Mühe, dass Haus innen und außen von den Spuren unserer Männerwirtschaft zu befreien. Und das war nicht so einfach! Alexander und ich gaben unser Bestes, aber ob das reichen würde?

Endlich kam der Flieger aus Athen. Die Wettermeldungen hatten Sturm aus Nordwest angekündigt. Keine guten Voraussetzungen für eine entspannte Landung. Wir hatten den Landeflug des kleinen Flugzeuges verfolgt und tatsächlich, der Pilot landete trotz heftiger Windböen sicher. Geschafft! Sie war wieder da!

Zuhause angekommen, übernahm sie das, von uns sehr vermisste, Regiment. Die lange Abwesenheit schien sie motiviert zu haben, das Haus umzugestalten. Die nächsten Tage hatten wir alle Hände voll zu tun, um die aufgestauten Ideen in die Tat umzusetzten.

Meine Frau berichtete auch über das Leben »in der anderen Welt«. Sie stand unter dem Eindruck einer komplett anderen Lebensweise. Dieser Welt hatten wir versucht den Rücken zu kehren. Wir hatten genug von der Regulierungsflut, der Einengung der persönlichen Freiheiten, dem Zwang zum Erfolgreich sein und den damit verbundenen Konsequenzen.

Wir lebten jetzt auf einer Insel, deren einheimische Bewohner durch die Spardiktatur der EU auch um ihre gesicherte Existenz kämpften. Trotzdem war das Leben anders. Geprägt von einer Leichtigkeit, die den Lebensrhythmus bestimmte.

Die Sorge, wie es perspektivisch weitergehen sollte, war nur eine kleine. Das Leben fand jetzt, hier und heute statt. Eine Erkenntnis, die wir als Nordländer nur schwer verstehen konnten.

Sicherlich aus historischer Sicht verständlich. Wir waren es gewohnt, und so waren wir erzogen, bereits im Laufe des Jahres Vorräte anzulegen, um im Winter davon leben zu können. In diesem südlichen Land gab es seit Menschengedenken bei ordentlicher Fürsorge zwei oder drei Ernten im Jahr und dazu noch das Meer mit seinen Früchten. Also wofür das ganze Jahr schuften?

Gerade jetzt, im Zeichen der Finanzkrise, besannen sich jedoch immer mehr Menschen auf den, wenn auch kleinen, Anbau von Obst und Gemüse.

Brach liegende Grundstücke, die wir auf unseren Wanderungen wenig beachtet hatten, wurden in Gemüsegärten verwandelt, sorgsam gehegt und gepflegt. Unglaublich, wie schnell die Tomaten, Zwiebeln und Paprika wuchsen.

Ein probates Mittel zur Bewältigung der momentanen Krise war der Tauschhandel. Bei genauerem Hinsehen war dieser weit verbreitet. »Streich mir das Haus und du hast genug zu Essen«

Unser griechischer Freund berichtete von seinen Problemen. Sein Gehalt als Gymnasiallehrer war abermals gekürzt worden. Seine erste Maßnahme war die Abschaffung seines altertümlichen Autos. Kostenreduzierung war angesagt, da er sonst kaum in der Lage war, die steigenden Steuern zu bezahlen. Von dem Lebensunterhalt ganz zu schweigen. Selbst der von ihm geliebte Kaffee in seinem Kafenion wurde von ihm gestrichen. Er sah nur eine Möglichkeit mit der veränderten Situation fertig zu werden.

Seine Kompetenz als Mathematik- und Physiklehrer in Form von Nachhilfe verstärkt anzubieten. Und das natürlich gegen steuerfreie Bezahlung. Ob sich das die klugen Menschen aus Brüssel so vorgestellt hatten?

Die Kreativität der Inselbewohner zur Geldbeschaffung war beeindruckend. Konzentrierte sich allerdings auf Schwarzarbeit, um zumindest den notwendigen Lebensunterhalt zu realisieren. An Investitionen um die Wirtschaft anzukurbeln, so wie von den Geldgebern gefordert, war nicht zu denken.

Schlagartig veränderte sich unser Lebensrhythmus durch die willkommene und von uns lange vermisste Anwesenheit meiner Frau. Die Tage verliefen harmonischer und in vielen Bereichen strukturierter. Wir Männer mussten uns jedoch erst wieder an die geänderte Situation gewöhnen.

Alexander, mittlerweile ein gestandener Erstklässler, genoss die Gespräche und kleinen Diskussionen mit seiner Mutter. Es gibt halt Dinge, die nicht nur von »Mann zu Mann« besprochen werden können.

Seine sprachlichen Fortschritte waren nicht zu überhören.

Ständig kam er mit neuen Vokabeln und den ersten kleinen Sätzen nach Hause, um uns Unwissende in die Geheimnisse der griechischen Sprache einzuführen. Wir betrachteten das natürlich mit einem gewissen Stolz und motivierten ihn bei seinen Bemühungen. Die Versuche, ihm bei den Erklärungen zu folgen, scheiterten kläglich.

Scheiterte es an unserem Alter, der Trägheit oder einem gewissen Unwillen? Wahrscheinlich alles zusammen!

Ich hatte schon mit dem Alphabet meine Probleme und die unterschiedlichen Betonungen ergaben einen völlig anderen Sinn der Worte. Trotz großer Konzentration hatte ich bereits innerhalb kürzester Zeit die Begriffe wieder vergessen. Sehr zum Unverständnis unseres Sohnes.

Unser Sohn Maximilian konfrontierte uns mit einer besonderen Aufgabe. »Ich möchte in den Sommerferien auf Leros meinen Führerschein machen!«

Der Wunsch eines achtzehnjährigen jungen Mannes ist kein ungewöhnlicher, aber auf unserer Insel? Wie sollte das gehen?

Dem Auftrag folgend, fuhren wir am nächsten Tag nach Lakki. Wir hatten schon seit einiger Zeit eine Fahrschule bemerkt, aber warum hätten wir ein besonderes Interesse haben sollen? Das änderte sich nun schlagartig.

Wir lernten Despina kennen. Die Frau des Fahrlehrers Franco und Managerin der Fahrschule. Hoch erfreut reagierte sie auf den von uns vorgetragenen Wunsch unseres Sohnes.

In einem ausgezeichneten Englisch erklärte sie uns auf sehr sympathische Weise die Vorgehensweise. Natürlich sei ein auf Leros erworbener Führerschein auch in Deutschland gültig. Griechenland sei doch schließlich in der EU.

Die Erklärung des Ablaufes erfordere jedoch eine gewisse Zeit. Sie schilderte uns ausführlich und mit großem Temperament was alles zu tun sei, um die gesetzlichen Anforderungen zu erfüllen. Nach der persönlichen Anmeldung sei erst einmal für unseren Sohn die offizielle Aufenthaltsgenehmigung erforderlich.

Dann kam Franco, der Ehemann und Fahrlehrer, mit einem fröhlichen »Buongiorno« durch die Tür. Dem Temperament nach, musste er Italiener oder zumindest italienischer Abstammung sein.

Freudestrahlend begrüßte er uns wie alte Bekannte. Als er von seiner Frau hörte, dass unser Sohn bei ihm den Führerschein machen wollte, und dann noch von uns erfuhr, dass sein Vater vor Jahren das Dach unseres Hauses renoviert hatte, kannte seine Begeisterung keine Grenzen. Oh, ein Deutscher in seiner Fahrschule.

Einfach »Meravigliosamente!«

Das war zumindest mal eine Sprache, die wir zumindest ansatzweise verstehen konnten.

Nachdem sich die Situation etwas beruhigte hatte, konnten wir noch einige, uns bewegende Fakten, erfragen. Wann konnte es losgehen und wie viel sollte es kosten? Die Antworten waren ganz in unserem Sinne.

Sofort nach der Anmeldung sollte es losgehen, also gleich zu Beginn der Sommerferien. Der Preis betrug ungefähr ein Viertel des Preises eines Führerscheins in Deutschland. Mit diesen Antworten freuten wir uns auf das abendliche Telefonat mit unserem Sohn. Sein Kommentar, kurz und trocken: »Also, geht doch! Ich freue mich auf die ersten Fahrstunden mit Franco.«

Damit hatten wir wieder einen Auftrag im Sinne unserer Kinder erfüllt. Als gefühlte »Helikopter-Eltern«, die wir immer noch waren, insgesamt ein gutes Gefühl.

Wir hatten wieder einmal den Weg von herumliegenden Hindernissen geräumt. Wussten zu diesem Zeitpunkt allerdings nicht, welche Konsequenzen ein so kleines Anliegen wie der Erwerb eines Führerscheines noch nach sich ziehen sollten.

Kapitel 4

Der Sommer kam und damit die ersten großen Schulferien unseres jüngeren Sohnes. Er hatte sein erstes Zeugnis in der Tasche. Und es kam wie befürchtet. Lauter »A´s«.

Mit strahlenden Augen zeigte uns Alexander das Resultat seiner einjährigen Arbeit.

Seinen Stolz konnten wir nur ihm gegenüber teilen. Wir hatten in unseren Diskussionen oft über dieses merkwürdige Missverhältnis zwischen Leistung und Benotung gesprochen.

Waren allerdings in einer Zwickmühle. Sollten wir den Stolz durch unsere Bewertung untergraben oder ihn in dem Glauben bestätigen, seine Leistung sei grandios?

Klipp und klar versuchten wir ihm unseren Standpunkt zu erklären. Ob er es verstand, wussten wir nicht, aber wir hatten es zumindest versucht.

Egal, es war Ferienzeit und damit Zeit für andere Dinge. Dinge, die nichts mit Schule, Lernen und anderen unangenehmen Beschäftigungen zu tun hatten. Das Wasser war warm, die Strände luden zum Schwimmen und anderen Aktivitäten ein.

Die ersten Wochen waren ausgefüllt mit den ersehnten Freizeitaktivitäten. Doch dann wurde uns bewusst, dass die Sommerferien in Griechenland insgesamt drei Monate lang waren. Ein uns, bisher nicht beachteter Faktor, war die morgendliche Frage: »Was machen wir heute«?

Für uns eine ständige Herausforderung, denn was gab es außer Strand und Schwimmen sonst noch zu tun?

Viele Menschen geben jährlich viel Geld aus, um Urlaub auf einer Insel wie unserer zu machen. Aber wir lebten hier bereits seit einem Jahr. Und es war immer noch schön! Das blaue Wasser, die Farben und die Menschen hatten wir ins Herz geschlossen.

Trotzdem gab es den Faktor Alltag. Einen Alltag, der sich, wie überall auf der Welt, nicht vermeiden lässt.

Unser Sohn Maximilian hatte kurzfristig den Besuch bei uns verschoben. Im Hinblick auf seinen geplanten Törn hatte er auf der Ostsee ein einwöchiges Skippertraining absolviert. Zu unserer Freude kam er zwei Wochen später. Endlich wieder alle zusammen.

Sein Tatendrang war kaum zu bremsen. Er wollte mit dem Erwerb seines Führerscheins starten. Bereits am nächsten Tag ging es wieder zu der Fahrschule. Despina und ihr Mann Franco waren in Hochform. Mit einem Mix aus Griechisch, Italienisch und Englisch erklärten sie nochmals die Formalitäten.

Und gleich kam der erste Wermutstropfen. Laut griechischem Gesetz mussten zwischen der Beantragung des Aufenthaltsrechtes und dem Beginn der Schulung zehn Wochen liegen. Damit zerschlug sich die optimistische Planung unseres Sohnes, am Ende der Ferien mit einem Führerschein wieder nach Deutschland zu fahren.

Despina sah das nicht so eng. Mit ihrer griechischen Mentalität hatte sie bereits eine Lösung parat. Er solle das Aufenthaltsrecht schnellstens beantragen und man könne, Gesetz hin oder her, doch schon mit der Ausbildung beginnen. Die Prüfung sollte er dann in den Herbstferien absolvieren. Na bitte, ging doch!

Das in englischer Sprache geschriebene Unterrichtsmaterial wurde übergeben und die ersten Fahrstunden vereinbart. Bereits am nächsten Tag sollte es losgehen.

Und dann kam die behördliche Prozedur. Die Polizei war die erste Anlaufstation zur Beantragung einer dauerhaften Aufenthaltsgenehmigung. Endlose Formulare wurden ausgefüllt. Natürlich in Griechisch. Nach einer Stunde, wir glaubten schon alles sei erledigt, gab uns der Polizist eine Liste mit noch zu erledigenden Aufgaben.

Wichtigster Punkt: Die Eröffnung eines Kontos bei einer griechischen Bank mit einem Guthaben von wenigstens vierhundert Euro und Vorlage des Kontoauszuges bei der Polizei. Der Beamte gab uns noch den Tipp mit auf den Weg, es sei doch nur für einen Tag. Am nächsten Tag könne man den Betrag wieder abheben.

Weiterhin waren die Ausweise von uns Eltern (wozu das denn?), ein Gesundheitszeugnis und ein Passfoto erforderlich.

Und wieder ging es nach Lakki. Bankkonto eröffnen, Passbild anfertigen lassen und Despina nach dem Gesundheitszeugnis befragen.

Freudestrahlend zeigte sie auf das vor ihr liegende, offiziell aussehende Formular. Zufrieden mit der unkomplizierten Abwicklung konnten wir der Polizei die angeforderten Unterlagen übergeben.

Völlig begeistert berichtete Maximilian von seiner erste Fahrstunde. Die Insel verfügte zwar über ein recht gutes Straßennetz, aber hatte eine Verkehrsdichte wie ein etwas größeres Dorf in Deutschland.

Keine Ampeln und sehr spärlich vorhandene Verkehrszeichen. Geschweige denn eine Schnellstraße oder gar eine Autobahn. Wie er mit dieser Fahrpraxis in Deutschland zurechtkommen sollte, war noch die große Frage.

Nach seiner Ankunft wurde die Harmonie der ersten Tage immer wieder von Streitereien mit seinem kleinen Bruder unterbrochen. Sehr zum Missfallen meiner Frau, die diese kurze Zeit des Zusammenseins uneingeschränkt harmonisch genießen wollte.

Jetzt trafen zwei vollkommen unterschiedliche Charaktere aufeinander. Der Kleine, als ausgewiesener »Platzhirsch«, beanspruchte und verteidigte sein Reich vehement.

Selbstbewusst und impulsiv, das hatte ihm als angehendem Zweitklässler bei seinem Einstieg in das griechische Schulleben sehr geholfen, versuchte er sich gegenüber seinem Bruder bei jeder Kleinigkeit durchzusetzen.

Seine örtlichen Kenntnisse und die Anfänge der griechischen Sprache waren immer wieder Punkte, bei denen er sich durchsetzen konnte.

Der Große, ebenfalls sehr selbstbewusst, aber mit seinen achtzehn Jahren um etliche Erfahrungen reicher, ließ es sich nicht nehmen, seinem kleinen Bruder immer wieder zu widersprechen und ihn mit seiner Ruhe teilweise auch zu provozieren. Sehr zu dessen Missfallen.

Mit unterschiedlichen Gefühlen betrachteten wir als Eltern diese Zwistigkeiten. Einerseits freuten wir uns über die Diskussionsfähigkeit unserer Kinder, andererseits ging es uns auf die Nerven, denn der Hausfrieden wurde dadurch erheblich gestört.

Ich erfreute mich oft an den ausgetauschten Argumenten, konnte allerdings in verschiedenen Situationen nur durch ein intensives »Donnerwetter« den Streitigkeiten Einhalt gebieten.

Mit einer gewissen Genugtuung stellten wir fest, dass dann, innerhalb weniger Minuten, die Beiden ihre Unstimmigkeiten beiseite gelegt hatten und sich gemeinsam in völliger Eintracht einer neuen Beschäftigung widmeten.

Auf einem unserer abendlichen Spaziergänge in den Hafen von Agia Marina entdeckten wir, etwa zehn Meter vom Anleger entfernt, ein im Wasser schwimmendes Tau.

Unsere Neugierde und der Entdeckergeist ließen uns nicht ruhen. Wir mussten dieses, etwa armdicke Tau, bergen. Aber wie?

Am nahe gelegenen Strand fanden wir eine alte Angelschnur, die wir mit einem Stein verbunden sehr gut für unseren Einsatz verwenden konnten.

Beide Jungen versuchten mit dieser Schnur das Tau an Land zu ziehen. Gemeinsam schafften sie es, nach vielen vergeblichen Versuchen, zumindest einen Teil heranzuziehen. Der Rest schien jedoch auf dem Grund festgehalten zu werden. Ein großes Rätselraten begann.

Einige Minuten später wurde es plötzlich hektisch im Hafen. Die Polizei rückte mit verschiedenen Fahrzeugen an und wir wurden des Feldes verwiesen. Dieses Tau schien im allgemeinen Mittelpunkt des Interesses zu liegen.

Debatten wurden geführt und immer wieder an dem Tau gezogen. Da musste etwas Gravierendes unter Wasser liegen!

Ein Fischkutter, der ebenfalls an dem Anleger festgemacht hatte, wurde von der inzwischen eingetroffenen Polizei aktiviert.

In Teamarbeit zogen die Fischer und die Polizisten an dem Tau und befestigten es am Heck des Kutters. Der Kapitän gab Gas, das Tau spannte sich, doch nichts passierte.

Diese Situation hatte es in sich. Herrlich anzusehen, wie die griechische Mentalität die Männer aktiv werden ließ. Ein unglaublicher Schwall an Worten wurde vergossen, lautstarke Debatten geführt und hektische Betriebsamkeit beherrschte den Hafen. Immer mehr Helfer, oder waren es Schaulustige, griffen in den Vorgang ein.

Es schien keine eindeutige Lösung zu geben. Die Kraft des Kutters war zu gering, um dieses Etwas aus dem Wasser zu ziehen. Der größte, verfügbare Fischkutter musste her. Und der lag nur einige hundert Meter entfernt vor Anker.

Vermutlich war der Kapitän schon durch das ungewohnte Getöse aufmerksam geworden, denn bereits kurze Zeit später kreuzte das Schiff vor dem Anleger. Befehlsgewohnt gab er entsprechende Anweisungen. Seine Crew befestigte das Tau erneut am Heck. Der Skipper gab Gas. Das Tau straffte sich, aber wieder kein Ergebnis zu sehen!

Die zahlreichen Zuschauer, es hatte sich offensichtlich schnell herumgesprochen, diskutierten das Spektakel und riefen dem Skipper allerlei Tipps zu.

Ein Mann erschien, den wir vom Ansehen schon länger kannten. Sein Kennzeichen war ein ständig mürrischer Gesichtsausdruck und ein griffbereites Handy, in das er nun sehr lautstarke Anweisungen schrie. Es war der Direktor der Fischergemeinschaft.

Dieser Titel beeindruckte uns nicht, denn wir wussten, dass diese Titel häufig vergeben wurden. Wir kannten den Direktor der Hotelvereinigung, der Geschäfte, der Taxiunternehmen usw.. Allesamt sehr wichtige Personen!

Offensichtlich konnte der Direktor sich mit dem Kapitän des Fischtrawlers auf eine gemeinsame Strategie verständigen. Es hätte allerdings keines Handys bedurft, denn bei der Lautstärke hätte man sich auch so verständigen können.

Die Anweisung lautete: Vollgas! Stück für Stück fuhr der Kutter vorwärts. Unter dem Aufschrei der Zuschauer kam langsam ein Schiff zum Vorschein.

Und was für eines! Zwölf Meter lang und in einem guten Zustand. Welche Geschichte mochte dahinter wohl verbergen?

Die Lösung erklärte uns Kostas, unser langjährig bekannter Taxifahrer. Er erzählte uns, dass in der letzten Nacht mit diesem Schiff über fünfzig Flüchtlinge aus der Türkei gekommen seien. Das Boot war mit einem Felsen kollidiert, konnte aber noch den kurzen Weg in den Hafen zurücklegen.

Nachdem die Flüchtlinge sich auf den Steg retten konnten, sei das Schiff gesunken. Die Syrer, darunter fünf Kinder, seien wohlauf und befänden sich nun in der nahegelegenen Polizeistation.

Der Beginn der Flüchtlingskrise zeichnete sich ab. Zwar hatten wir in der Vergangenheit des Öfteren defekte Schlauchboote an verschiedenen Stränden gesehen, ihnen allerdings wenig Beachtung geschenkt.

Nach diesem Tag waren wir uns einig: Wir hätten noch lange an dem Tau ziehen können und verbrachten den Abend mit einer intensiven Diskussion mit den Themen: Woher kommen die Flüchtlinge? Warum fliehen sie aus ihrer Heimat? Wohin wollen sie?

Alles Fragen, die uns noch lange beschäftigen sollten.

Die Sommerzeit stand vollkommen im Zeichen von Sonne, Strand und Meer. Gemeinsam konnten wir die Vorzüge der Insel genießen.

Erstmalig wurde uns bewusst, dass wir ein unglaubliches Privileg genossen. Dort zu leben, wo Touristen für viel Geld ihren Urlaub verbrachten. Obwohl wir schon mehr als ein Jahr auf dieser Insel lebten, hatten wir manchmal den Gedanken, wann wohl der Flug zurück nach Deutschland gehen würde.

Wir waren keine Touristen mehr und hatten eine gewisse Distanz zu ihnen. Sie waren Besucher, wir fast schon

Einheimische. Mit kritischen Augen beurteilten wir auch das Verhalten der Touristen.

Einerseits hörten wir die Klagen über den Müll an den Stränden, andererseits beobachteten wir, dass der Weg zum nächsten Mülleimer für viele Besucher offensichtlich zu weit war. Achtlos wurden die diversen Rückstände des Genusses am Strand vergessen!

Das Leben auf Leros pulsierte. Von Krise nichts zu spüren. Die Restaurants waren gut besucht, die Strände belebt und die Geschäfte erfreuten sich guten Zuspruchs.

Doch was machten die Einheimischen? Sie schimpften! Über die griechische Regierung, über die EU, Angela Merkel, die kurze Saison und die wenigen Touristen! Und dann noch über die vielen Flüchtlinge.

Das hielt sie jedoch nicht davon ab, mit diesen ihre kleinen Geschäfte zu machen.

Auf unseren Erkundungstouren kamen wir immer wieder an dem Gebäude der Hafenpolizei in Lakki vorbei. In dem umzäunten Innenhof drängelten sich die Flüchtlinge auf engstem Raum. Sie übernachteten im Freien auf Pappkartons, mit wenigen Decken notdürftig versorgt.

Dazwischen sah man Polizisten, die versuchten mit stoischer Ruhe etwas Ordnung zu halten. In dem Durcheinander kein leichtes Unterfangen.

Wir fragten uns, wie es mit der Versorgung der Menschen aussah. Wurden sie mit Getränken und Essen versorgt?

Geschäftstüchtige Griechen hatten die Situation schnell erfasst und boten außerhalb der Zäune mit improvisierten Verkaufsständen oder geöffnetem Kofferraum Getränke und Nahrungsmittel an. Aufgrund der Notlage der Flüchtlinge war die Nachfrage groß. Die Preise entsprechend hoch.

Ebenfalls außen stehende Griechen nahmen Bestellungen auf für Babynahrung, Telefonkarten und Zigaretten. Die Gewinnaufschläge erfuhren wir später. Eine Telefonkarte im Wert von zehn Euro kostete das Doppelte. Für das Aufladen von Handys wurden fünf Euro verlangt!

Wir hatten die Problematik der beginnenden Flüchtlingskrise noch nicht wirklich erkannt. Zumal wir in unserem Informationsmedium, dem Internet, keine oder wenig Beachtung in den deutschen Medien fanden.

Konnten aber anhand der eigenen Beobachtungen erahnen, dass unsere Insel, die nur zehn Kilometer vor der türkischen Küste liegt, auch in Zukunft ein naheliegendes Ziel für die Flüchtlinge sein würde.

Neben den speziellen Erfahrungen unseres Sohnes mit den Fahrstunden war das beherrschende Thema die Renovierung des gekauften Bootes und die für das nächste Jahr geplante Reise von Deutschland in die Ägäis.

Pläne wurden geschmiedet, wieder verworfen und dann kam der grandiose Gedanke meiner Frau. »Wir kommen nach Deutschland, feiern das hoffentlich bestandene Abitur und fahren alle zusammen von Koblenz aus über die Mosel, Saône und Rhône bis ins Mittelmeer.« Allgemeine Begeisterung war die Folge. Einstimmig wurde dieser Vorschlag aufgenommen und in allen Details geplant.

Endlich waren die langen Sommerferien unseres Jüngsten wieder vorbei! Hört sich komisch an, aber mehr als drei Monate, gefüllt mit Aktivitäten und teilweiser Langeweile, sind einfach zu viel! Wahrscheinlich erst recht aus der Sicht von uns Eltern.

Wir freuten uns auf unseren geregelten Alltag. Frühstück, Schule, Hausaufgaben und Sport sorgten für einen gut strukturierten Tag. Genug Zeit für uns, endlich unser gemeinsames Projekt mit dem Wanderführer zu vollenden. Das Layout war fertig, die Texte übersetzt und schon bald konnten wir die Broschüre in den Druck geben.

Bereits nach zwei Wochen lag sie in ihrer ganzen Pracht vor uns. Ich hatte schon einen genauen Plan für die Vermarktung des Projektes. Ich würde es den Geschäften anbieten, die dann in der nächsten Saison den Wanderführer an interessierte Touristen verkaufen sollten.

Soweit der Plan. Meine Aktivitäten bei der Umsetzung waren jedoch nicht unbedingt von Erfolg gekrönt. Die Reaktion der angesprochenen Geschäftsleute beim Durchblättern war pure Begeisterung. »Toll, genau das Richtige für unsere Insel. Und die gute Qualität der Bilder!«

Aber immer, wenn die unvermeidliche Frage nach dem Preis kam, war es mit der Begeisterung schlagartig vorbei. »Viel zu teuer« war die mehrheitliche Aussage!

Mein Verständnis von Marketing und Verkaufen kam völlig durcheinander. Wir waren monatelang durch die wunderbare Landschaft gewandert, hatten Unmengen von Fotos gemacht, getextet, es drucken lassen und dann diese Aussage.

Dabei war der Einkaufspreis nicht höher als ein Kaffee in einem griechischen Café. Dieses, von mir vorgebrachte, Argument konnte allerdings die Geschäftsinhaber nicht überzeugen.

Von unserem Plan, mit unserem Wissen den griechischen Unternehmen und Geschäften zu helfen und gleichzeitig damit einen Beitrag zu unserem Lebensunterhalt zu leisten, waren wir weit entfernt.

Immer wieder stellte ich mir die Frage: »Woran liegt es?« In Diskussionen zu diesem Thema mit unserem Freund Miltiades kamen für mich neue Aspekte ins Spiel.

Fakt war, wir waren Deutsche und keine eingeborene Insulaner! Durch die Finanzkrise entwickelte sich eine, uns unbekannte, Aversion gegenüber den Deutschen.

Trotz eines zweimonatigen Bombardements und der anschließenden Besatzung im 2. Weltkrieg gab es keine negative Einstellung zu den Deutschen.

Im Gegenteil, uns wurde eine unglaubliche Freundlichkeit entgegengebracht.

Geschürt durch die griechischen Medien wurden wir jetzt immer häufiger mit den Namen Merkel und vor allen Dingen Schäuble konfrontiert.

Aber was hatten wir damit zu tun?

Wir wollten im Einklang mit den Einheimischen leben, unser Geld für den Lebensunterhalt ausgeben, sie unterstützen und durch unsere Tätigkeit ein wenig zu unserer Finanzierung unseres Traumes beitragen.

Miltiades, wie immer ein vorausschauender Mann, sah das etwas pragmatischer. Die Griechen seien nun mal ein Volk, das seit Jahrtausenden sehr vielen verschiedenen Abschnitten unterworfen gewesen sei. Trotz dieser, teilweise schlimmen Erfahrung, sei das griechische Volk immer noch ein sehr stolzes.

Viele der uns bekannten Griechen gestanden, wenn auch mit verschmitztem Lächeln, dass in den vergangenen Jahren nicht nur durch die Regierung, sondern auch durch jeden Einzelnen, gravierende Fehler gemacht wurden.

Teilweise sprachen sie ungeniert über die vielen Möglichkeiten, die Regeln des Staates zu umgehen. Geschichten, die sich für uns als Mitteleuropäer anhörten, als seien sie aus einer anderen Welt.

Änderte aber auch nichts an der Tatsache, dass die momentanen Spardiktate der Europäischen Union nicht die Verantwortlichen bestraften, sondern die Bürger.

Tägliche Entlassungen, Gehalts- und Pensionskürzungen hinterließen unübersehbare Spuren.

Die in ihrer Wortwahl nicht zimperlichen griechischen Medien hatten schnell ein Feindbild aufgebaut. Und das waren die deutschen Politiker Merkel und Schäuble.

Das Zusammentreffen mit einem alt bekannten Griechen war für mich ein nachhaltiges Erlebnis. Bei einem Gang durch den Hafen hielt ein Auto neben mir. Ich erkannte unseren langjährigen Bekannten, den Besitzer eines immer noch gut laufenden Restaurants. Wir schätzten diesen Mann. Er war intelligent, sprach mehrere Sprachen und war uns bisher wohl gesonnen.

Er kurbelte das Fenster herunter. Keine Begrüßung, kein üblicher Smalltalk – nichts! Mein Hallo wurde von ihm ignoriert. Er schaute mich nur mit ernstem Gesicht an und sagte »Du bist Schuld. Du hast diese Merkel gewählt!«

Drehte sein Fenster wieder hoch und fuhr weiter.

Völlig perplex stand ich mitten auf der Straße und konnte das eben Gehörte nicht begreifen. Wie? Was? Meinte der Mann wirklich mich?

Mich, der in einem Arbeiterhaushalt aufgewachsen war und in seinem Leben noch nie diese Partei gewählt hatte! Wie kam solch ein Mensch darauf, dass ich diese Kanzlerin gewählt hatte und damit an der griechischen Misere Schuld war!

In einem anschließenden Gespräch mit meiner Frau versuchte ich diesen Schock zu verarbeiten. Sie stand diesem Mann emotional noch wesentlich näher als ich und konnte das von mir berichtete nicht glauben. Das konnte auch nach ihren Aussagen nicht sein. Ein so netter, weltgewandter Mann, der sich zu solch einem Spruch hinreißen lies?

Das musste gravierende Hintergründe haben! Aber welche? Unsere gemeinsame, eingehende Analyse führte zu keinem eindeutigen Ergebnis.

Wir lebten als Gast auf dieser Insel und hatten mit Frau Merkel und Herrn Schäuble nur eines gemeinsam: Wir hatten auch die deutsche Staatsbürgerschaft!

Aber war das vielleicht einer der Gründe, weshalb ich bei dem Verkauf der Wanderführer und bei anderen Akquisegesprächen Probleme hatte? Dieser Mann hatte gesagt, was er dachte. Andere trauten sich das eventuell nicht!

Der Herbst zeigte von seiner besten Seite. Temperaturen um die 24 Grad und warmes Wasser. Eigentlich die ideale Voraussetzung für einen wunderbaren Urlaub. Das Einzige, was fehlte, waren die Touristen.

Gerade in dieser angespannten Lage hätte ein, wenn auch moderater, Besuch von Ausländern gut getan. Die in den vergangenen Jahren zahlreichen Besucher aus dem Inland waren weitestgehend ausgeblieben. Wahrscheinlich auch eine Folge der Krise.

Trotz der Einnahme des Sommers klagten viele Restaurants und Geschäfte über die kurze Saison. Kein Wunder, das Jahr war lang und die Einnahmen des Sommers mussten für das ganze Jahr reichen.

Wir genossen die Zeit. Nach den heißen Sommermonaten konnten wir endlich wieder die Insel erkunden. Wir lebten nun schon so lange auf dieser Insel, hatten jedoch noch nicht alle, wenn auch kleinen Attraktionen, im Detail erobert.

Der Besuch von Maximilian, es waren schon wieder Herbstferien in Deutschland, stand unter einem besonderen Aspekt. Die Fahrprüfung für seinen Führerschein.

Sein Fahrlehrer Franco war aufgeregter als der Schüler. Zur Sicherheit sollten noch einige Fahrstunden absolviert werden, damit der erste Deutsche in seiner Fahrschule problemlos durchkam.

Irgendwie hatten wir das Gefühl, er zog das Procedere unnötig in die Länge. Leros hatte doch nun wirklich keine ungewöhnlichen Schwierigkeiten bezüglich des Verkehrs zu bieten.

Dann kam endlich der entscheidende Tag. Die Prüfungskommision, es waren gleich mehrere Herren, waren extra für diesen Termin von der Nachbarinsel angereist.

Unser Sohn sah es völlig gelassen. Was sollte schon passieren?

Wir wollten uns dieses Ereignis natürlich nicht entgehen lassen. Gemeinsam fuhren wir mit unseren Rädern nach Lakki, um aus sicherer Entfernung die Fahrkünste unseres Ältesten zu bewundern.

Viel war jedoch nicht zu bestaunen. Ein Prüfer setzte sich auf die hinteren Sitze, während Franco gestikulierend und debattierend auf dem Beifahrersitz Platz nahm.

Man kannte sich wohl schon länger, denn die Abnahme der Fahrprüfung schien eine Nebensache zu sein. Bereits nach einigen Minuten kam das Prüfungskomitee samt Prüfling wieder zurück. Dieser stieg aus, bekam einen Handschlag und wurde verabschiedet.

Sein ungläubiger Gesichtsausdruck sprach Bände. Er hatte die Fahrprüfung bestanden – das musste gefeiert werden!

Einen Wermutstropfen gab es dann doch noch. Despina, die Managerin der Fahrschule erklärte uns, dass die schriftliche Prüfung erst Ende des Jahres, also bei dem nächsten Aufenthalt unseres Sohnes stattfinden könne. Die wortreiche

Erklärung dafür hatten wir allerdings nicht verstanden.

Wir trösteten uns damit, dass wir bei der ganzen Angelegenheit viel Geld gespart hatten. Dafür nahmen wir die Verzögerungen durch das behördliche Wirrwarr gerne in Kauf.

Ende Oktober war Erntezeit. Die Ölmühle in Lakki hatte geöffnet. Ein sicheres Zeichen, dass die Olivenernte begonnen hatte.

Die Frage, wie man aus diesem, nicht unbedingt gut schmeckenden Früchten, ein so köstliches Öl gewinnen konnte, hatte mich schon immer interessiert. Ich hatte mehrere Bücher zu dem Thema gelesen, viel dazugelernt, aber eine richtige Vorstellung über den Ablauf der Ölgewinnung hatte ich nicht.

Und dann rief Maria an. Die Oliven auf ihrer Plantage müssten geerntet werden und sie könne sehr gut Hilfe gebrauchen.

Das kam genau passend. Spontan sagte ich zu. Ich hatte zwar schon eine griechische Olivenernte hinter mir, aber es waren noch viele Fragen offen.

Toll, endlich konnte ich meinen Wissensdurst bezüglich Olivenöl-Herstellung stillen. Ich wusste von meinen früheren Aktivitäten auf der Plantage, dass Maria ihre Orangen-, Mandarinen- und auch Olivenbäume nie mit chemischen Mitteln behandelte. Bei anderen Plantagen auf der Insel war ich mir nicht so sicher. Des Öfteren hatte ich Bauern mit Spritzpistolen gesehen, die mit allen erdenklichen Chemikalien den Schädlingen auf den Pelz rückten.

Zumindest bei Maria konnte ich sicher sein, dass es sich bei dem zu erwartenden Produkt um ein Biool handeln würde, das den Namen verdiente.

Doch bis zum ersten Genuss war noch ein langer Weg! Nach meiner ersten Olivenernte hatte bei meinen Recherchen im Internet oft mit »oh, wie toll«, »wunderbar, die Früchte der Natur zu ernten« und weiteren romantischen Aussagen gelesen.

Ich stellte jedoch bereits wieder nach einigen Stunden

fest: Es war wieder einmal eine schweißtreibende Arbeit!

Meine Aufgabe bestand darin, die Auffangnetze unter den Bäumen auszulegen. Ein beauftragter »Spezialist«, ich kannte ihn vom sehen als Maler, bearbeitete die Bäume mit einer seiner maschinellen Eigenkonstruktion. Mit diesem seltsamen Gerät kämmte der Mann die Bäume von oben nach unten.

Und ich hatte davon geträumt, dass, wie in vielen Büchern beschrieben, Zweig für Zweig mit einem groben Kamm von den Früchten befreit würden!

Diese Zeiten waren wohl schon lange vorbei.

Da sich das vereinte Fachpersonal ganz in der Nähe befand, konnte ich meine Fragen schnell loswerden. Eine Nachhilfe bekam ich während der notwendigen Pausen.

Also, die großen Oliven stammten aus der Gegend von Kalamata, einem Gebiet in Nordgriechenland. Sie eigneten sich nicht zur Ölgewinnung, sondern werden in einem speziellen Verfahren eingelegt. Eine wunderbare und wohlschmeckende Ergänzung unseres täglichen griechischen Salates. Leider war diese Sorte auf unserer Insel nicht sehr verbreitet.

Die von uns geernteten kleinen Oliven waren sehr hart und kaum vorstellbar, dass hieraus ein so hochwertiges und gefragtes Öl gewonnen wurde.

Drei Tage verbrachten wir mit der Ernte. Die Säcke füllten sich und wir hatten immerhin über dreihundert Kilogramm »gesammelt«. Dimitris, der Experte, lud uns ein, die kostbare Fracht gemeinsam zur Mühle in Lakki zu bringen.

Das wollten meine Frau und ich uns nicht entgehen lassen. Doch womit transportieren? Dimitris zeigte auf sein Gefährt. Ein dreiräderiges Etwas mit Motor und einer Ladefläche. Es musste ebenfalls eine Eigenkonstruktion sein. Der deutsche TÜV hätte das Vehikel sofort stillgelegt.

Skeptisch bestieg meine Frau die vordere Sitzbank neben Dimitris. Ich sah an ihrem Blick, dass sie dem Fahrzeug nicht traute, aber mutig genug war, das Abenteuer auf sich zukommen zu lassen.

Ich musste mir auf den prall gefüllten Säcken einen Platz suchen. Nach einem allgemeinen Okay warf Dimitris den altersschwachen Motor an. Den Geräuschen nach, die das Ding von sich gab, war nicht damit zu rechnen, dass wir den Weg bis zur Mühle schaffen sollten.

Dimitris zwinkerte uns nur zu und teilte uns mit einem verschmitzten Lächeln mit, er habe sich noch etwas Besonderes für uns als Fahrgäste ausgedacht. Nicht die kürzeste Route sei geplant, sondern ein »Ritt über die Berge.«

Meine Frau Ute rollte mit den Augen. Ein mir bekanntes, sicheres Zeichen von Unmut.

Das Anlassen des Motors hinterließ eine mächtige Qualmwolke, aber kaum zu glauben, nach dem geräuschvollen einlegen eines Ganges setzte sich das Gefährt in Bewegung.

Knatternd, quietschend, qualmend und rumpelnd erklommen wir die steile Straße durch die Bergwelt der Insel. Ein wunderbares Erlebnis! Kurvenreich erklommen wir mit dem glitzernden, in vielen Farben schimmernde Meer im Rücken, die Höhe des Kammes. Vergaßen dabei, dass wir Früchte in Bio-Qualität mit einer bestimmt nicht ökologisch sinnvollen Dunstwolke einnebelten.

In der Ölmühle war richtig was los. Ein Gewirr von Fahrzeugen, unser Gefährt war aber das Auffälligste, gemischt mit lautstark debattierenden Einheimischen bevölkerte den Innenhof. Wir waren wohl nicht die Einzigen, die in tagelanger Arbeit die Olivenbäume von ihren Früchten befreit hatten.

Leider verstand ich wie immer nicht, worum es bei den Gesprächen ging.

Hier trafen sich alle »Olivenexperten« der Insel. Jede neue Lieferung wurde lautstark geprüft, besprochen und bewertet. Wie ich aus der Gestik entnahm, waren natürlich die eigenen Oliven die Besten!

Nach einer kurzweiligen Wartezeit waren wir an der Reihe. Der Chef vom Ganzen lud höchstpersönlich unsere hart erarbeitete Ware in einen Trog, der auf einer Waage stand.

Genau dreihundertzehn Kilogramm!

Diese Menge war es wert, den gesamten Produktionsvorgang separat durchzuführen. Wir würden das gewonnene Olivenöl ausschließlich aus unserer Ernte erhalten. Ein gutes Gefühl.

Zusammen mit Georgos, dem Mühlenmeister, verfolgte ich die ersten Schritte der vollautomatisierten Anlage. Natürlich erst einmal ein ausgiebiges Wasserbad. Unter Beigabe von frischem Wasser zerkleinerten rotierende und scharfkantige Messer in der nächsten Station die Oliven. Ein wenig appetitlich aussehender, hellbrauner Brei entstand.

Ich kannte den Vorgang von unserer letzten Ernte, war aber erneut fasziniert, wie aus diesem Mus delikates Öl wurde.

Georgos schmunzelte bei meinen detaillierten Fragen und freute sich offensichtlich, einem unwissenden Mitteleuropäer den weiteren Ablauf zu erklären.

In der nächsten Station trennte eine Zentrifuge den Brei von dem Wasser und den festen Bestandteilen. Wir näherten uns dem Ende der Ölgewinnung. Nach zwei weiteren Zentrifugen deutete Georgos auf einen kleinen Hahn.

Begeistert sahen wir erst einen Tropfen, dann weitere und dann floss die goldgelbe Flüssigkeit in den bereitgestellten Kanister.

Stolz und über das ganze Gesicht strahlend, füllte Georgos eine Schale, schnitt einige Scheiben Brot und servierte uns mit etwas Salz das Ergebnis unserer Arbeit. Einfach nur köstlich und nicht zu vergleichen mit dem angebotenen Öl aus dem Supermarkt!

Wir hatten aus dreihundertzehn Kilogramm Oliven fünfundsiebzig Liter gewonnen. Laut Georgos ein zufriedenstellendes Ergebnis.

Unser Lohn für die geleistete Arbeit waren ganze drei Liter. Aber was sollte es, wir hatten Spaß an der Ernte gehabt und waren um etliche Erfahrungen reicher.

Kapitel 5

Der Winter auf Leros rückte unaufhaltsam näher. Die Tage wurden merklich kürzer und die Abende waren trotz der tagsüber angenehmen Temperaturen kühl. Zeit, unseren neu erworbenen Kaminofen aus Italien anzuwerfen.

Doch dazu mussten wir erst einmal für entsprechendes Heizmaterial sorgen. Nachdem ich mein Leid unserem griechischen Freund Miltiades geklagt hatte, war er sofort bereit eine Beschaffungsaktion zu starten.

Unter dem Motto: Holz kaufen kann ja jeder! Sein sportlicher Ehrgeiz war sofort geweckt und bereits einige Tage später trafen wir uns an dem verabredeten Ort.

Auf unseren Erkundungstouren hatten wir bereits verschiedene, vertrocknete Bäume gesehen, die nur darauf warteten, in unserem neuen Ofen eine wohlige Wärme zu verbreiten.

Miltiades erschien. Welch ein Anblick! Seine stattlich Statur kam durch seine sparsame Bekleidung voll zur Geltung. Nur mit kurzer Hose und Flipflops bekleidet, eine Motorsäge größeren Kalibers unter dem Arm, machte er nicht den Eindruck eines hochintelligenten, mehrsprachigen Lehrers.

Mein Hinweis auf die nicht ganz dem deutschen Sicherheitsstandard entsprechende Kleidung erwiderte er mit einem Grinsen und der Aussage: »Ja, ja, ihr Deutschen!«

Und dann kam er richtig in Fahrt. Die Kettensäge fraß sich durch das trockene Holz, Späne flogen und bereits nach kurzer Zeit war der Baum in ofengerechte Stücke zerlegt.

Ich sah nur staunend zu. Eher von kleiner Gestalt, jedenfalls im Vergleich zu dem Holzfäller, hatte ich die undankbare Aufgabe, die Stücke in den Kofferraum eines altersschwachen Autos zu schleppen.

Verschwitzt, wie wir beide waren, hatten wir eine Pause im Schatten eines noch grünen Baumes verdient. Ein wunderbarer Blick entschädigte uns.

Die untergehende Sonne tauchte die vor uns liegende Bucht in ein rötliches Licht. Das Wasser schillerte in allen erdenklichen Farben und dann fuhr auch noch ein Fischerboot durch die Strahlen der untergehenden Sonne.

Das knatternde Geräusch der Säge brachte mich in die Realität zurück. Miltiades war unruhig geworden und wollte noch vor der einsetzenden Dunkelheit einen weiteren Baum zerlegen.

Aber Ungeduld und Baum zersägen passen irgendwie nicht zusammen! Beim vorletzten Schnitt riss die Kette. Gemeinsamer Entschluss – Feierabend!

Wir mussten uns erholen und die Kette repariert werden. Die Fortsetzung unserer Aktion war für den nächsten Nachmittag angesetzt. Früher ging es nicht, denn auch Lehrer müssen mal arbeiten.

Für die Griechen hat der Nachmittag allerdings eine andere Definition als für uns Mitteleuropäer. Es kann drei Uhr Nachmittags oder auch sieben Uhr Abends sein. Deshalb war es für uns wichtig, einen genauen Termin zu machen. In diesem Fall um sechs Uhr.

Pünktlich, nicht unbedingt eine Eigenschaft der meisten Griechen, trafen wir uns am nächsten Tag an unserer »Baustelle«.

Die Kette war repariert und die letzten Schnitte konnten erfolgen. Zur Verstärkung hatte ich noch meinen Sohn und meine Frau mitgebracht. Eine wertvolle Unterstützung beim Transport und Verladen.

So schafften wir es in kürzester Zeit, das erbeutete Holz zumindest in dem Kofferraum zu verstauen. Aber da gab es noch eine weitere, beschwerliche Hürde.

Mit dem Auto konnten wir nicht bis zu unserem, am Hang gelegenen, Haus fahren. Also wieder das Holz, Stück für Stück, bis zu unserem Depot tragen, um es dort in dem von mir gebautem Unterstand zu stapeln.

Zur Belohnung, nicht nur für Miltiades, sondern auch für uns, schlossen wir den ersten Teil der Holzbeschaffung ab und gönnten uns einen ordentlichen Schluck Retsina und einige Souvlakis aus unserem naheliegenden Grillrestaurant. Selbstverständlich an dem mit neuem Holz befeuerten Ofen.

Unsere gemeinsame Frage zu dieser Aktion: Wie oft schwitzt man eigentlich, bis das Holz in dem Ofen für wohlige Wärme sorgt? Einfacher ist es auf jeden Fall, das Material zu bestellen und es sich auf den Berg bringen zu lassen!

Es hatte trotz der Mühe auch Spaß gemacht und diese Aktion wollten wir unbedingt wiederholen.

Schon wieder stand die Weihnachtzeit vor der Tür. Das Leben auf der Insel war beschaulich geworden. Keine Touristen, keine verkaufsfördernde Weihnachtsmusik in den Geschäften. Nur ab und zu hingen Weihnachtsmänner, bestimmt chinesischen Ursprungs, in abstrusen Haltungen an Balkonen und Dachrinnen. Was das wohl zu bedeuten hatte?

Die griechische Bevölkerung musste, passend zur Weihnachtszeit, auf Druck der Troika weitere Sparmaßnahmen hinnehmen. Weitere Renten- und Gehaltskürzungen im Öffentlichen Dienst zwangen die Griechen, noch sparsamer mit ihrem Geld umzugehen. Spürbar hatten auch die Geschäfte darunter zu leiden.

Unsere Familie war ganz mit den Vorbereitungen auf das Eintreffen unseres Sohnes Maximilian beschäftigt. Die Tage wurden gezählt, ein Programm für seinen Aufenthalt erarbeitet und das Haus auf Vordermann gebracht. Eigentlich nicht notwendig, aber wenn Besuch kommt…

Durch den Wetterbericht der nächsten Tage wurden wir etwas nervös. Sturm war angesagt! Das ist auf einer Insel in der Ägäis, zumindest in dieser Jahreszeit, nichts Ungewohnliches. Aber musste das ausgerechnet jetzt sein?

Unsere einzigen Verbindungen zu der restlichen Welt waren eine Fähre, die allerdings nur dreimal die Woche von Piräus aus kommend an unserer Insel anlegte und ein täglicher Flugverkehr nach und von Athen.

Der kurzen Startbahn angepasst, flogen kleine Flugzeuge unseren ebenfalls kleinen Flughafen an.

Aber, immerhin, wir waren mit der Außenwelt verbunden.

Genau diese Verbindung wollte unser Sohn nutzen. Unsere permanente Frage war: »Kann das Flugzeug landen oder nicht?« Immer wieder wurde der Wetterbericht studiert, in der Hoffnung, dass der Sturm eine kleine Pause einlegte.

Dann war es soweit. Der Tag der voraussichtlichen Ankunft. Wieder die Vorhersage angeschaut, mit dem Flughafen telefoniert und besorgt in den Himmel geschaut. Widersprüchlich Aussagen von kompetenten Stellen trugen nicht zu unserer Beruhigung bei.

Und dann kam die Meldung, dass das Flugzeug mit Verspätung in Athen gestartet war. Allgemeines Aufatmen und Anlass genug, uns auf den Weg zum Flughafen zu machen. Dort sahen wir das kleine Flugzeug im Anflug. Auf und nieder, hin und her geschleudert, flog die Maschine mit unserer wertvollen Fracht an Bord auf die Landebahn zu.

Die Spannung stieg. Immer wieder erfassten Böen das Flugzeug. Doch im richtigen Moment setzte das Objekt auf, machte noch zwei oder drei kleine Sprünge und kam dann nach dem Ausrollen vor dem Flughafengebäude zum Stehen.

Den aussteigenden Passagieren war anzusehen, dass der Flug und die Landung nicht spurlos an ihnen vorüber gegangen war.

Wir konnten unseren Maximilian unversehrt in die Arme schließen. Und das war für uns in diesem Moment das Wichtigste.

Durch ein gut funktionierendes Internet und einer Telefon-Flatrate hatten wir zwar ständigen Kontakt zu unserem Sohn, doch viele wichtige Dinge konnte dieser Kontakt nicht erfüllen. Nähe, Berührung, in die Augen schauen und das persönliche Gespräch ohne Zeitdruck. Jetzt konnten wir alles das nachholen, was uns sehr gefehlt hatte.

Wichtigster Punkt für unseren Sohn war die schriftliche Prüfung für seinen Führerschein, die in diesen Ferien erfolgen sollte.

Bereits am zweiten Tag ging es bei immer noch stürmischem Wetter zu der Fahrschule, um den Termin zu klären.

Despina, unsere Managerin in Sachen Führerschein, schockte uns mit einer weiteren Nachricht. Die Prüfer könnten aufgrund des Wetters nicht wie vorgesehen von der Nachbarinsel Kalymnos anreisen.

Unsere langen Gesichter wurden dann aber schnell wieder durch einen Lösungsvorschlag von Despina erhellt.

Zwischen Weihnachten und Neujahr könne unser Sohn nach Kalymnos reisen, um die schriftliche Prüfung abzulegen. Das war zumindest eine positive Perspektive!

In den nächsten Tagen gab es viel zu besprechen. Wie geht es weiter mit dem Ausbau des gekauften Schiffes?

Die bisherigen Renovierungsarbeiten waren enorm fortgeschritten. Der zukünftige Skipper hatte eine kleine Küche mit allem Drum und Dran eingebaut und weitere Einrichtungen für einen langen Törn geschaffen.

Es war wohl hilfreich gewesen, ihm bereits im Alter von vier Jahren, gegen den durchaus verständlichen Widerstand meiner Frau, mit den technischen Werkzeugen wie Bohrmaschine, Akkuschrauber und Stichsäge vertraut zu machen.

Was noch fehlte, war ein neuer Deckanstrich und eine Selbststeueranlage, die eine wichtige Voraussetzung für den geplanten Einhand-Törn in die Ägäis war.

Er hatte sich verändert. Lebte nun schon fast zwei Jahre allein in unserer alten Wohnung, regelte seinen Haushalt, renovierte sein Boot und bereitete sich auf sein Abitur vor.

Aus dem, immer von uns umsorgten Jungen, war ein selbstbewusster junger Mann geworden, der zielstrebig seinen, selbst gesteckten Zielen nachging.

Für uns war diese Entwicklung beruhigend. Lange genug und eigentlich permanent hatten wir als Eltern ein gemischtes, manchmal ungutes Gefühl. Hatten wir alles richtig gemacht mit dem Umzug in ein anderes Land?

War es richtig, unser Leben aus durchaus egoistischen

Gründen zu verändern ohne auf einen Heranwachsenden Rücksicht zu nehmen?

Die intensiven Gespräche bestätigten uns, den richtigen Weg eingeschlagen zu haben.

Er meisterte trotz seiner jungen Jahre sein Leben, war offensichtlich uneingeschränkt zufrieden und schaute positiv auf die Anforderungen des kommenden Jahres.

Kapitel 6

Genau zu Beginn des Weihnachtsfestes begann es zu regnen. Bis jetzt hatten wir immer noch zumindest eine Mahlzeit auf der Terrasse einnehmen können, doch nun hieß es den Ofen anfeuern und Rückzug in das ganze Jahr vernachlässigte Haus.

In Ermangelung von natürlichen Weihnachtsbäumen auf der Insel musste der schon im vergangenen Jahr erworbene Baum aus Plastik herhalten.

Ganz und gar nicht unser Geschmack, aber praktisch war er schon. Einmal den Staub mit Wasser abgespült, wieder in die richtige Form gebogen und mit Kugeln und Kerzen geschmückt, sah er aus wie ein richtiger Weihnachtsbaum.

Die Feiertage waren entspannt. Trotz des immer wieder einsetzenden Regens konnten wir auf kurzen Wanderungen die aufblühende Natur bewundern. Die Kräuter und Blumen schienen nach der langen Trockenphase nur auf das Nass gewartet zu haben.

Innerhalb von wenigen Tagen verwandelte sich das trockene Braun der Landschaft in ein saftiges Grün. Selbst die Berghänge waren von einem Blütenmeer überzogen. Die Insel zeigte sich von einer ganz anderen, grünen Seite.

Nicht nur während der Wanderungen, auch bei den gemütlichen Abenden bei Kerzenlicht beherrschte ein Thema die Unterhaltung: Die für das nächste Jahr geplante Reise mit dem Segelschiff von Deutschland bis ins Mittelmeer.

In der Erwartung einer solchen Reise waren, zumindest in dieser Phase, der Phantasie keine Grenzen gesetzt. Unser Sohn hatte bereits genügend Fachliteratur, Reiseführer und Flusskarten besorgt.

Die Route hatte er bereits festgelegt. Sein Plan war schon fast fertig. »Ihr kommt alle zu meiner Abiturfeier nach Deutschland, dann bringen wir das Schiff über Land zur Mosel und lassen es zu Wasser.

Über die Mosel fahren wir durch Luxemburg, dann auf

der Saône und Rhône durch Frankreich bis ins Mittelmeer. In Port-Saint-Louis setzen wir die Segel und segeln der Küste entlang bis nach Nizza. Von dort aus könnt ihr wieder auf eure Insel fliegen und ich komme dann mit dem Segelschiff zu Euch.«

Wir waren von dem Plan sofort überzeugt, doch eine Menge Fragen tauchten auf. Wie soll das gehen: drei Erwachsene, ein Kind und auch noch unser kleiner Hund auf einem so kleinen Schiff? Dazu das Gepäck und Proviant für geplante sechs Wochen!

Tagelang wurden Bücher gewälzt, das Internet gequält und debattiert. So entwickelte sich Stück für Stück ein genaueres Bild dieses Plans.

Grundsätzlich hatten wir, zumindest fast immer, ein harmonisches Verhältnis zueinander. Es sollte uns nicht schwer fallen, die Zeit auf engstem Raum zu genießen. Soweit die Theorie!

Unterbrochen wurde das Planspiel durch den Anruf von Despina. Aufgeregt berichtete sie davon, dass bereits am nächsten Tag die schriftliche Fahrprüfung stattfinden sollte. Und das auf der Nachbarinsel Kalymnos. Unser Sohn könne mit einer kleinen Fähre übersetzen und sich zu dem Hauptort mit Bus oder Taxi durchschlagen.

Ein Blick aus dem Fenster und die Wettervorhersage machten uns sehr skeptisch. Es regnete in Strömen und der nächste Tag versprach Ähnliches. Aber die Chance, den langen Weg der Führerscheinbeschaffung zu beenden, wollte sich unser Sohn nicht entgehen lassen.

Zeitig am nächsten Morgen schwang er sich auf sein Fahrrad, um pünktlich die Fähre zu erreichen. Es regnete immer noch.

Am späten Nachmittag kam er zurück. Völlig durchnässt, aber mit einem zufriedenen Lächeln berichtete er von seiner abenteuerlichen Überfahrt mit heftigem Regen und einem hohen Wellengang.

Die Prüfung sei »ein Witz« gewesen, die Prüfer nett und hilfreich. Sie hätten sich gefreut, den ersten Deutschen prüfen zu dürfen. Das Wichtigste: Er hatte bestanden!

Viel zu schnell gingen diese gemeinsamen Tage zu Ende. Wieder machte sich eine gedrückte Stimmung breit. Wir kannten das bereits. bereits am nächsten Tag würde ein Teil der Familie wieder den Heimweg antreten und der Rest für die nächsten Tage in ein gemeinsames, emotionales Loch fallen. So oft wir auch dieses mitgemacht hatten, eine Routine stellte sich nicht ein!

Aus der Erfahrung unseres Insellebens checkten wir noch die Wetterlage für den Abreisetag. Das sah nicht gut aus!

Starker Wind aus Nord und Regenschauer. Unsere Ansprechperson bei der Airline, einer Nachbarin, sah den morgigen Flug nach Athen sehr skeptisch. Ob der Flug durchgeführt würde, stehe in der Entscheidung der griechischen Piloten. Sie könne allerdings am nächsten Morgen genaueres erfahren.

Wie schon so oft, die Frage: »Gibt es eine Alternative, geht eventuell eine Fähre?« Wir hatten Glück. Im Internet wurde die Ankunft und Weiterfahrt nach Piräus avisiert. Allerdings erst um zwölf Uhr nachts.

Wir entschieden uns für diese Variante. Nach einem nicht ganz entspannten Abendessen machten Maximilian und ich uns mit dem Fahrrad auf den immerhin sechs Kilometer langen Weg zum Anleger der Fähre. Jeder mit einem Gepäckstück auf dem Gepäckträger. Es begann eine unvergessliche Fahrt.

Mit entsprechender Kleidung, es war ungewöhnlich kalt in dieser Nacht, kämpften wir uns bei starkem Wind und Regen zum Hafen. Eine Vielzahl von Passagieren wartete bereits auf die Ankunft der Fähre.

Die allgemeine Frage und Diskussion war, kommt die Fähre oder nicht? Eine endlose Warterei folgte. Bei dem Wetter und der nach allen Seiten offenen Wartehalle kein Vergnügen. Immer wieder wurden unterschiedliche Gerüchte weitergetragen. »Die Fähre kommt nicht«, »Sie ist noch auf Kalymnos«, »Sie ist losgefahren, hat aber Verspätung«. Auch die Befragung des Personals war nicht erfolgreich.

Mit einem Schulterzucken wurden wir abgespeist.

Plötzlich und unerwartet tauchten Schiffslichter am Eingang der Bucht auf. Ein allgemeiner Aufschrei: »Sie kommt!«

Die unruhige Menge, wir mitten drin, beobachtete die Einfahrt der ersehnten Fähre. Langsam schob sie sich in Richtung Anlegepier.

In fünfzig Meter Entfernung kam sie parallel zum Pier zum Stillstand. Was sollte das! Warum legte sie nicht an?

Als Antwort auf die fragenden Gesichter fuhr die Fähre wieder los, durchquerte die Bucht bis zum Ende und war hinter der nächsten Landzunge verschwunden. Die Diskussionen erreichten ihren Höhepunkt. Das Temperament der Anwesenden schien mit ihnen durchzugehen. Lautstark wurden die Angestellten der Fährgesellschaft attackiert.

Was dabei herauskam, war uns leider nicht verständlich.

Wir entschlossen uns, wieder zurück zu unserem Haus zu fahren und am nächsten Tag zu versuchen, den Flug nach Athen zu erreichen. Wenn es denn einen gab!

Durchnässt und frierend kamen wir in unserem Haus an. Eine wohlige Wärme und die Überraschung meiner Frau und des Jüngsten schlugen uns entgegen. Sie hatten nicht damit gerechnet, dass sie den Großen so bald wiedersehen würden.

Selbstverständlich mussten wir die ganze Geschichte erzählen. Müde und zerschlagen von den Ereignissen des Tages gingen wir zu Bett. Mir viel es schwer einzuschlafen, denn zu viele ungelöste Dinge schwirrten in meinem Kopf herum. Kann das Flugzeug morgen starten, wird der Sohn sein Flugzeug nach Deutschland noch rechtzeitig erreichen? Alles Fragen, die einem erholsamen Schlaf entgegenstanden.

Früh waren wir auf den Beinen. Keiner hatte in der kurzen Nacht wirklich gut geschlafen. Als Erstes ein Anruf bei unserer Nachbarin mit der bangen Frage, ob an diesem Tag ein Flugzeug landen und starten könne.

Ihre Auskunft lies uns hoffen. Das Flugzeug werde bald

kommen, allerdings mit Verspätung.

Wir hätten noch ausreichend Zeit für ein Frühstück.

Dann kam der erlösende Anruf. Das Flugzeug sei in Athen gestartet und würde in einer Stunde auf dem Flughafen von Leros erwartet. Das Frühstück wurde aus Zeitgründen abgebrochen und schon ging es mit dem Taxi zum Flughafen.

Durch die Verspätung war leider der Flug nach Düsseldorf nicht mehr zu erreichen. Aber in diesem Fall erwies sich die Beziehung zu unserer Nachbarin als sehr nützlich. Kurzerhand buchte sie unseren Sohn auf einen anderen Flug.

Mit gemischten Gefühlen sahen wir dem gestarteten Flugzeug nach. Wir vermissten unseren Sohn bereits jetzt, waren aber froh, dass die Abreise für ihn doch noch geglückt war.

Nach Tagen der gedämpften Stimmung nahm uns der Alltag erneut in Beschlag. Die Schule hatte wieder begonnen. Zeit für uns, sich um unsere deutschen Kunden zu kümmern, Aufträge zu erledigen und damit noch etwas Geld zu verdienen.

Mit den wenigen Aufträgen, die wir hier auf der Insel abwickelten, konnten wir unseren Lebensunterhalt nicht bestreiten. Immer wieder versuchte ich, die uns bekannten Geschäfte und Unternehmen, sich werblich auf die mit Sicherheit kommende Saison vorzubereiten.

In den meisten Fällen scheiterte es am Geld. Geld, das nach dem schlechten Herbst- und Wintergeschäft einfach nicht mehr vorhanden war.

Die vergangene Saison war bereits Ende August beendet gewesen und die restlichen Einnahmen reichten nicht bis zur nächsten Saison, beginnend im Juni. Die Einsicht, Werbung machen zu müssen, war teilweise vorhanden, doch wie sollte sie finanziert werden?

Hinzu kamen noch, von der Regierung auf Druck der Europäischen Union und des IWF veranlasste, verschärfte Steuergesetze.

In vertraulich geführten Gesprächen mit einigen

Geschäftsinhabern gestanden sie mir, dass ihnen nichts anderes übrig blieb, als die Steuerbehörden zu umgehen.

Und das sei ganz einfach! Immer dann, wenn die Steuerprüfer, mit Sitz auf Kalymnos oder Kos, zu einer Prüfung anrückten, sei das spätestens bei ihrer Ankunft bekannt. Genug Zeit, die entsprechenden Maßnahmen zu ergreifen.

Wir hatten das bereits mehrmals registriert, ohne dem jedoch keine große Bedeutung zukommen zu lassen. Aus welchem Grund auch immer, plötzlich wurden für jeden, auch noch so kleinen Betrag, Quittungen ausgestellt.

Nach ein paar Tagen war diese Quittungsflut wieder erloschen. Jetzt kannten wir den Grund. Die Steuerprüfer hatten sich wieder auf ihre Insel zurückgezogen. Ein Aufatmen überzog die Insel.

Bereits während der Weihnachtszeit hatten wir besprochen, den Umbau unseres Gartens im kommenden Jahr in Angriff zu nehmen. Als Liebhaber von Pflanzen und Blumen hatten wir in der Vergangenheit viel Zeit und Geld in die großen Gärten unserer Häuser investiert. Sinnvoll, da wir am Liebsten im Freien lebten.

Nach dieser Erfahrung mit viel Arbeit und Schweiß kam kam jedoch eine Phase, in der wir von kleinen Gärten träumten, in denen uns nur noch Kübel mit ausgesuchten Lieblingsblumen und Pflanzen erfreuen würden.

Jetzt hatten wir zwar einen nur wenige Quadratmeter kleinen Garten, aber er gefiel uns nicht. Der Plan war, eine weitere Terrasse anzulegen, mit einem kleinen Beet davor. Wir hatten zwar schon zwei Terrassen, die wir je nach Windrichtung nutzen konnten, aber eine weitere mit Liegestühlen um die Abendsonne zu genießen, schien uns sinnvoll.

Also gut, wenn die Witterungslage es erlauben würde, sollte das Projekt beginnen. In zwei Monaten, passend zum Frühlingsbeginn, sollte es fertig sein.

Mit Elan, jedenfalls wenn es nicht regnete, machten wir uns gemeinsam ans Werk. Vorhandene Bäume und

Sträucher wurden aus der Erde gerissen, Steine, Sand und Kies bestellt und zu unserem Haus geschleppt.

Unter dem Motto: Wenn es schön werden soll, muss es erst schlimmer werden!

Unbarmherzig schlug das über uns schwebende Damoklesschwert wieder zu. Ein Anruf aus Deutschland warf uns zum wiederholten Mal völlig aus der Bahn. Dem Vater meiner Frau ging es aufgrund der Erkrankung schlecht. Laut Aussage der behandelnden Ärzte sei der Zustand äußerst kritisch.

Wir fielen in eine Schockstarre. Gerade hatten wir uns auf das neue Jahr gefreut, viele Pläne geschmiedet, uns mit der Gartengestaltung befasst und jetzt standen wir sprach- und mutlos vor der neuen Situation. Die Anforderungen der Verwandten meiner Frau waren eindeutig: »Es ist dringend notwendig, dass du kommst!«

Was blieb uns übrig? Es gab kein Wenn und Aber, meine Frau musste der Aufforderung folgen. Schnell wurden wir uns einig, unser jüngster Sohn und ich konnten sie nicht begleiten. Das gerade begonnene Schuljahr erforderte den ständigen Besuch der Schule. Eine längere Auszeit war zwar möglich, aber für die fortschreitende Integrierung in den Schulbetrieb wäre dieses für unseren Sohn nicht gerade förderlich gewesen.

Das uns mittlerweile bekannte Procedere begann. Doch wie immer, das Wichtigste zuerst: Flüge buchen. Die Auswahl an Flügen von Athen aus nach Deutschland ist groß, aber meine Frau musste erst einmal dort hinkommen. Mit der Fähre dauerte es zu lange, als blieb nur der Flug mit dem kleinen Flugzeug.

Stundenlang versuchten wir über das Internet eine optimale Verbindung herzustellen. Dann war es geschafft. In drei Tagen konnte es losgehen. Nur noch wenige Tage und wir Männer waren wieder einmal allein in unserem Haus.

Der im Umbau befindliche Innenhof war ein einziges Chaos. Bauschutt, Zement, Steine und Sand, alles lag kreuz und quer.

Wir hatten jetzt genügend Zeit, neben der Schule und den häuslichen Pflichten mit viel Arbeit das Chaos zu lichten.

Die Stimmung war auf dem Tiefpunkt. Meine Frau in Erwartung der unangenehmen Dinge, die sie in Deutschland erwarteten und ich, weil die Rückkehr meiner Frau nicht abzusehen war. Sie hatte nur den Hinflug gebucht.

Trotzdem mussten wir die nächsten Tage mit vielen organisatorischen Entscheidungen füllen. Was war mit den laufenden Aufträgen? Wie konnte der Schulbesuch ordentlich ablaufen? Wie sollte der Innenhof im Detail aussehen? Alles Fragen, die geklärt werden mussten. Meine Liste wurde immer länger!

Und zwischendurch immer wieder lange Telefonate mit Deutschland. Der Zustand des Vaters meiner Frau verschlechterte sich weiter. Doch was konnten wir tun? Die Flüge waren gebucht und die Reisevorbereitungen meiner Frau bereits abgeschlossen. Jetzt hieß es nur noch Warten!

Als dann das Flugzeug gestartet und am Horizont verschwunden war, standen mein Sohn und ich wie verloren noch eine ganze Zeit auf dem Flughafen. Mutlos und mit nur wenigen Worten traten wir den Heimweg an.

Wieder einmal waren wir auf uns allein gestellt und hatten keine andere Wahl, als uns mit dieser Situation zu arrangieren. Um möglichst schnell unser Tief zu überwinden, motivierte ich unseren Sohn, mir bei den anfallenden Arbeiten in dem Innenhof zu helfen. Mit einigen Überzeugungskünsten gelang es mir, ihn für diese Aufgabe zu begeistern. Wir stürzten uns in die Arbeit, um nicht ständig an das zu denken, was alles noch vor uns lag.

Irgendwie gewöhnten wir uns dann doch an das Leben ohne die ordnende Kraft meiner Frau. Der Tagesablauf regulierte sich sehr schnell. Morgens Schule, bis drei Uhr Nachmittagsschule, kleine Pause und gemeinschaftliches Werkeln im Innenhof.

Das Angebot, auch am Nachmittag unter fachlicher Aufsicht die Hausaufgaben zu erstellen, war erst seit kurzer

Zeit in das Schulprogramm aufgenommen worden.

Ehrlich gesagt, hätte ich das dem griechischen Schulsystem nicht zugetraut.

Immer wieder hatten wir davon gehört, dass der Standard ganz bewusst von den Lehrern niedrig gehalten wurde, um das Defizit bei den Schülern durch lukrative nachmittägliche Nachhilfe wieder auszugleichen.

Der tatsächliche Eindruck widerlegte aus unserer Sicht diese Aussagen. Junge, motivierte und engagierte Lehrerinnen gestalteten insgesamt einen abwechslungsreichen Unterricht, der den Vergleich mit dem deutschen standhielt.

Zur Orientierung zogen wir deutsche Unterrichtsbücher heran, die wir aus Deutschland angefordert hatten.

Die sprachlichen Fortschritte unseres Sohnes, nicht nur in Griechisch, sondern auch in Englisch waren nicht zu überhören.

Ich fand es hilfreich, bei den Bestellungen von Baumaterialien und im täglichen Leben einen »kleinen Griechen« zur Seite zu haben, der übersetzen konnte. Meine Kenntnisse der griechischen Sprache waren immer noch minimal.

Die abendlichen Telefonate mit meiner Frau waren durch die deprimierende Stimmung gekennzeichnet. Der Zustand des Vaters verschlechterte sich zunehmend. Es bestand keine Hoffnung mehr auf eine Genesung.

Selbst unsere positiven Meldungen über den Fortschritt der Gartengestaltung und die schulischen Fortschritte unseres Sohnes trugen verständlicherweise nicht zur Erhellung der Stimmung bei.

Die kleinen Differenzen zwischen uns verschwiegen wir, um meiner Frau nicht noch mehr Grund zur Sorge zu bereiten. Differenzen, die im Verhältnis zu der Situation meiner Frau auch nicht wirklich wichtig waren.

Zaghafte Anfragen, wann wir wieder mit ihrer Rückkehr rechnen konnten, wurden aus nachvollziehbaren Gründen nicht definitiv beantwortet.

Welch großartigen Pläne hatten wir geschmiedet? Es sollte ein tolles Jahr werden mit dem Höhepunkt der

Abiturfeier und der anschließenden Reise mit dem Segelschiff durch Frankreich. Von Planung konnte jetzt nicht mehr die Rede sein. Die anstehenden Ereignisse hatten Priorität. Alles andere würde sich ergeben.

Und dann kam der unvermeidliche Anruf. Mein Schwiegervater hatte es »geschafft«. Er war friedlich im Beisein der engsten Familie eingeschlafen.

Es war schwer für mich, telefonisch die Trauer meiner Frau zu teilen. Keine Möglichkeit, sie in den Arm zu nehmen, sie zu trösten und zu versuchen, ihr bei der Trauer beizustehen und damit den Schmerz ein wenig zu lindern. Was mir blieb, waren nur Worte! In unserer Beziehung eine ungewohnte Bewältigung von Problemen.

Wochen vergingen mit endlosen Telefonaten und wir warten auf das Signal meiner Frau zu einer baldigen Rückkehr. Zu viele behördliche und organisatorische Dinge waren zu erledigen. An einen nahen Rückflug war vorerst nicht zu denken.

Bei den Gesprächen waren wir, trotz des Todesfalles und der damit verbundenen Konsequenzen, zu dem Entschluss gekommen unsere Pläne für den Sommer weiter zu verfolgen.

Die Renovierung des Segelbootes hatte enorme Fortschritte gemacht. Es fehlten nur noch Details, aber bis zum nahenden Sommer würden auch die erledigt sein.

Woher nahm der angehende Skipper nur die Zeit und Muße? Die baldigen Abiturarbeiten erforderten eigentlich die volle Konzentration.

Seine Antwort auf unsere Fragen beantwortete er auf seine Weise: »Macht euch darüber mal keine Sorgen!«

Wir machten uns trotzdem welche.

Kapitel 7

Und dann kam sie doch noch. Die gute Nachricht aus Deutschland. »Ich komme nächste Woche zurück.« Die wichtigsten Formalien waren erledigt und nach vier langen Monaten in der »realen Welt« sehnte sich meine Frau nach dem Leben auf unserer beschaulichen Insel.

Mit zwiespältigen Gefühlen sah sie ihrem Rückflug entgegen. Einerseits war die Freude uns wiederzusehen in unseren langen Telefonaten zu spüren, andererseits blieben viele Fragen offen.

Wie sollte es mit ihrer Mutter weitergehen? Konnte sie nach dem Tod ihres Mannes ihr Leben allein gestalten? War das Haus, in dem sie wohnte, überhaupt noch tragbar?

Alles Fragen, auf die wir keine überzeugenden Antworten liefern konnten. Was blieb und auch in der nahen Zukunft so bleiben würde, war ein allseitig schlechtes Gewissen.

Aber wir hatten uns entschieden, weit entfernt in einem anderen Land zu leben. Wir liebten dieses Land trotz aller kleinen und großen Probleme. Hatten unsere Wurzeln hier geschlagen und konnten uns zu diesem Zeitpunkt nicht vorstellen, unseren gerade begonnenen Traum wieder zu beenden.

In der Vorbereitung unserer Auswanderung, oder wie ich es bezeichne, unseres »Umzugs«, hatten wir diese Situation oft genug durchdacht. Was ist, wenn die Eltern Hilfe benötigten oder sogar starben? In der damaligen Theorie sah das ganz anders aus. Jetzt hatte die Realität uns eingeholt und wir mussten uns dem stellen.

Ein geringer Trost waren die Gespräche mit Menschen aus aller Welt, die auch auf unserer Insel ganzjährig lebten. Bei genauer Hinterfragung ging es fast allen ähnlich wie uns. Ständig in der Ungewissheit, wann ein Elternteil altersbedingt krank wurde und das Zeitliche segnete. Immer wieder wurden wir angesprochen um dann zu berichten, dass auch sie in einer ähnlichen Situation waren.

In der Erwartung der Rückkehr meiner Frau begann wieder einmal das große Saubermachen. Sämtliche Spuren unserer Männerwirtschaft mussten beseitigt werden.

Der Innenhof war auch noch nicht in einem Zustand, um damit angeben zu können. Also legten mein Sohn und ich uns mächtig ins Zeug, um den hohen Ansprüchen meiner Frau gerecht zu werden. Einfach war diese Aufgabe allerdings nicht. Den Augen einer Grafikerin entgeht so schnell nichts.

Wieder einmal konnten wir ihre Ankunft kaum erwarten. Doch als der Flieger auf der kurzen Landebahn aufsetzte und wir sie unter den aussteigenden Passagieren sahen, war unsere, zugegeben recht große, Nervosität schnell vergessen.

Wir hatten sie zurück! Nach der langen Zeit der Ungewissheit konnten wir sie erneut in die Arme nehmen.

Die erste Besichtigung des neu gestalteten Innenhofes fiel, sehr zu unserer Freude, überraschend positiv aus. Außer ein paar kleinen Änderungswünschen schien ihr unsere Arbeit zu gefallen.

Mein Sohn und ich registrierten bei aller Freude eine gewisse Veränderung bei ihr. In unseren Gesprächen bestätigte sie, dass ihr das Leben in Deutschland sehr zugesetzt hatte.

Nicht nur der Tod ihres Vaters, sondern auch die tägliche Konfrontation mit dem Alltag. Sie bemängelte die Anonymität, die Unfreundlichkeit der Menschen, die Hektik im Verkehr und nicht zuletzt das miserable Wetter. Verständlich, denn wir waren auf unserer Insel in den vergangenen Jahren in allen Bereichen verwöhnt worden.

Jedoch hatte die tägliche Routine auch sie schnell wieder eingefangen. Da unsere Planung für das Jahr von allen akzeptiert worden war, blieb nicht mehr viel Zeit für unseren gemeinsamen Tripp mit dem Segelboot durch Frankreich.

Für lange Diskussionen über den Sinn und Zweck dieses Unternehmens war kaum Zeit, denn Maximilian hatte sein Abitur bestanden.

Jetzt gab es kein wenn und aber, wir hatten ihm zugesagt bei der offiziellen Abiturfeier anwesend zu sein. Der Termin stand fest und es war für uns selbstverständlich, diesen auch einzuhalten.

Der Zusage, ihn auf seiner »Traumreise« zu begleiten, standen wir sehr differenziert gegenüber. Wir hatten uns gerade wieder an das Leben auf unserer Insel gewöhnt, und nun sollten wir sie schon wieder verlassen. Mit gemischten Gefühlen bereiteten wir die Abreise vor.

Die Aussagen meiner Frau gingen mir nicht aus dem Kopf. Die griechische Mentalität, die Freundlichkeit und Hilfsbereitschaft, das einfache Leben ohne Fernseher und Auto hatten offensichtlich bei mir Spuren hinterlassen.

Und jetzt sollte ich, nach mehrjähriger Erfahrung und trotz aller Kritik an dem System, der Unpünktlichkeit, der teilweise phlegmatischen Einstellung der Menschen, diese wunderbare Insel verlassen! Mich wieder einfügen in die »Wertegemeinschaft« der Deutschen?

Ehrlich gesagt, mir graute davor. Die Aussage meiner Frau war wohl zutreffend: »Du bist schon vergriecht.«

Ich tröstete mich damit, dass unser Aufenthalt in dieser anderen Welt nur geplante sechs Wochen dauern würde, ich mit meiner kompletten Familie zusammen sein würde und uns eine hoffentlich schöne Reise durch Frankreich bevorstand.

Die Zeit bis zum Flug nach Deutschland verging rasend schnell. Zu viele Kleinigkeiten waren zu erledigen. Das Boot ist klein – was nehmen wir mit? Wer kümmert sich um die neu angepflanzten Blumen im Garten? Was ist mit der Post und wer bezahlt die zwischenzeitlich ankommenden Rechnungen? Alles Fragen, die sich jeder Hausbesitzer stellt!

Und dann war es soweit. Der Flug von der Insel nach Athen startete mit uns, dem Hund und unzähligen Gepäckstücken. Wie immer, waren es zu viele! Mein inneres Bedürfnis mit einer kleinen Tasche zu reisen, wurde wieder einmal nicht erfüllt.

Der erste Schock kam für mich nach der Landung in

Düsseldorf. Ein Leihwagen stand bereit. Doch was war das? Die Autobahn war überfüllt – Feierabendverkehr. Die ersten Sehnsuchtsgefühle nach unserer Insel kamen auf.

Es erwartete uns das volle Programm. Drängelnde Fahrer mit unterstützender Lichthupe versuchten mich von Überholversuchen abzuhalten. Die verschiedenen Staus trugen auch nicht unbedingt zu meiner Beruhigung bei. Die griechische Lebensweisheit »Siga-Siga« (langsam-langsam) hätte durchaus einigen von den Autofahrern gut getan. Aber wir waren nun einmal nicht in Griechenland!

Jetzt wurde mir bewusst, dass in unserer neuen Heimat andere Regeln herrschten. Vergessen hatte ich ein solches Gefühl von Rücksichtslosigkeit unter dem Motto: Was schert mich das langsame Auto. Meine Zeit ist kostbar, meine Zeit ist Geld!

Als Radfahrer hatte ich genügend Erfahrung auf den Straßen unserer Insel. Autofahrer blieben respektvoll hinter uns und warteten auf eine gute Möglichkeit, uns bei entsprechender Gelegenheit mit sicherem Abstand zu überholen.

In unserer Heimatstadt, eigentlich war mir diese als verschlafenes Nest in Erinnerung, fielen mir als Besucher zuerst die gepflegten Gärten auf. Frisch gemähte Rasenflächen, ordentlich gestutzte Hecken, Blumen und Büsche in Reih und Glied und saubere Straßen. Kein Wunder, denn genau bei unserer Ankunft hatte das traditionelle Schützenfest begonnen. Auch das noch!

Das Rahmenprogramm bis zu unser Abfahrt mit dem Boot stand schon lange fest. Pflichtbesuche, Treffen mit lange nicht gesehenen Freunden, Arztbesuche, Termine beim Steuerberater und diverse Einkäufe für die Reise füllten die Tage komplett aus.

Die offizielle Abiturfeier stand an. Sicherlich für jeden Schüler ein besonderer Moment. Die Anzugfrage war schnell geklärt. Aber die wichtige Frage nach der richtigen Krawatte war eine Herausforderung, die jedoch abschließend von meiner Frau gelöst wurde.

Das größere Problem schien jedoch mein Outfit zu sein.

Mit meiner Insulaner-Standardkleidung wollte meine Familie mich nicht zu dieser besonderen Veranstaltung mitnehmen. Meine Argumente fanden keine Beachtung.

Einigermaßen passabel mit Sakko, Stoffhose, gebügeltem Hemd und frisch rasiert, auch nicht unbedingt ein Dauerzustand bei mir, erreichten wir pünktlich den Ort des Geschehens.

Die gehaltenen Reden von mehreren wichtigen Menschen beinhalteten wie bei diesen Veranstaltungen üblich, die bekannten Floskeln wie: Neuer Lebensabschnitt, Basis für eine glänzende Karriere, die Welt steht offen und so weiter. Die Überreichung der Abiturbescheinigung war dann doch ein feierlicher Moment. Viele Gedanken gingen mir durch den Kopf.

Da stand nun ein junger Mann, der auch diese Hürde der Ausbildung gut überstanden hatte. Wie sieht die Zukunft für ihn aus? Wird er seine Chancen nutzen?

Wie meine Frau später bestätigte, hatte auch sie ähnliche Gedanken. Wir waren uns einig: Unser Sohn würde seinen Weg finden und in seiner, ihm eigenen Art, bewältigen.

Bei dem unvermeidlichem, anschließenden Empfang mit Sekt und Buffet hörte ich dann wieder die zuvor erwähnten Floskeln. Die Wortfetzen drangen etwas merkwürdig in meinen Ohren. Ich hörte Gespräche über Jura und Anwälte, Arztausbildung, Karriere als Manager, Studium im Ausland und vieles mehr. Wohlgefühlt habe ich mich dabei nicht.

Hinzu kam noch, dass es sich herumgesprochen hatte, dass unser Sohn seit zwei Jahren mit allen Konsequenzen allein in unserer alten Wohnung lebte, an einem Segelschiff arbeitete und von einem Einhandtripp im Mittelmeer träumte. Und dann noch Eltern hatte, die in einem krisengeschüttelten Griechenland lebten.

Mehrfach wurden wir angesprochen und wir fühlten uns wie »Exoten«, denn wir schienen nicht so recht in das vorhandene Bild zu passen. Fragen wie: »Warum ausgerechnet Griechenland, die haben doch eine Finanzkrise, gibt es denn genügend Lebensmittel und wie sieht es mit der

Gesundheitsversorgung aus, warum studiert ihr Sohn jetzt nicht und will einen gefährlichen Törn mit einem kleinen Schiff machen?« wurden mehrfach gestellt.

Mit zunehmender Fragerei stieg wieder einmal mein Adrenalinspiegel . Sehr zum Missfallen meiner Frau, die eine größere Fähigkeit besitzt, solche Fragen diplomatischer und mit mehr Gefühl zu beantworten. Ich habe diese Gabe jedoch nicht und musste mir nach Beendigung der Feier erst einmal Luft verschaffen.

Fakt war: Es war unsere Entscheidung, nach einem langen Berufsleben in einem Land zu leben, dass nicht am Ende der Welt lag und trotz aller Schwierigkeiten mit der Finanzkrise liebenswert war. Außerdem war und ist das Land ein Mitglied der EU. Wie lange noch, war eine ständige Diskussion. Nicht nur in Deutschland, sondern auch in Griechenland.

Die Abiturfeier und die Folgen hatte ich schnell verdaut, denn jetzt galt es, die letzten Vorbereitungen für unsere Reise zu treffen. Das Schiff war durch den Einsatz unseres Sohnes auf eine lange Reise vorbereitet.

Was noch fehlte, war eine Grundausstattung an Lebensmitteln und Utensilien für die weiteren sechs Wochen. Erstaunlich, über welch großen Stauraum das kleine Schiff verfügte. Selbst unser umfangreiches Gepäck verschwand in den Niederungen der Kajüte.

Der lang ersehnte Tag der Abreise begann. Wieder einmal das Abschiedsritual der engsten Freunde, unzählige »Mast und Schotbruch« für unseren Skipper und die üblichen Wünsche für ein glückliches Ankommen.

Die Fahrt bis zu unserem eigentlichen Start wurde zu einem besonderen Erlebnis. Olaf, ein erfahrener Skipper von der Ostsee, hatte den Transport übernommen.

Für uns Landratten mit keinerlei Transporterfahrung fuhr er wie der Teufel. Wir hatten doch ein Segelschiff mit Trailer hinter uns hängen! Immerhin mit dem Geländewagen zusammen eine Gesamtlänge von sechzehn Metern. Zwar beruhigte uns im Laufe der Fahrt die stoische Ruhe von Olaf, aber endlich kamen wir schweißgebadet in Winningen an der Mosel an.

Ohne lange Verzögerungen wurde das Schiff zu Wasser gelassen und es schwamm! Eine Selbstverständlichkeit für ein Schiff, aber es war für uns ein großer Moment, dem wir seit Monaten entgegengefiebert hatten.

Die Reise begann. Über eintausend Flusskilometer lagen vor uns, die wir gemeinsam bewältigen wollten. Auf engstem Raum, ohne Dusche und ähnlichem Komfort, nur mit dem Notwendigsten ausgestattet. Mehr als einhundertachtzig Schleusen waren zu überwinden, kleine und etwas größere Probleme zu bewältigen.

Über die reizvolle Mosel, die Überquerung der Vogesen, die Saône bis hin zur Rhône, die uns bis ans Mittelmeer führte, wurde es zu einer wundervollen Reise.

Nach vier Wochen Fahrt durch die reizvollen Landschaften Frankreichs, der Besichtigung vieler namhafter Städte wie Metz, Epinal, Lyon, Viviers und Avignon erreichten wir wohlbehalten Port-Saint-Louis am Mittelmeer.

Für unseren Skipper begann nun, lang ersehnt, die Erfüllung seines Traumes. Der Mast wurde gestellt, das Schiff von einem Motorboot in eine Segelyacht verwandelt und er konnte in der nächsten Zeit seine gesammelte Erfahrung auf dem offenen Meer auf dem Weg nach Griechenland beweisen.

Der letzte Abschnitt bis zu unserem Zielort Nizza war nicht ganz unproblematisch. Die Fahrt auf den Flüssen und Kanälen hatte meiner Frau sehr gefallen. Das änderte sich schlagartig auf dem nicht so glatten Meer. Der Wind, die Wellen und die Schaukelei setzten ihr immer mehr zu. Sie zog sich zurück. Wie wir Männer es nannten: »Sie geht in den Keller«. Ein willkommener Ausgleich waren dann die abendlichen Gänge durch die Städte der Côte-d'Azur. Endlich wieder festen Boden unter den Füßen!

Viel zu schnell näherten wir uns dem Ziel Nizza. Von hier aus würden wir zurück auf unsere Insel fliegen und unser Sohn seinen Traum verwirklichen. Also ohne uns!

Die Tage in Nizza waren von einer bedrückten Stimmung geprägt. Letzte Besorgungen wurden gemacht, das Schiff nochmals auf Hochglanz getrimmt und, so gut es ging, die vorläufig letzten gemeinsamen Abende verbracht.

Wehmut setzte ein. Wir waren, kleine Differenzen einmal ausgenommen, während der Reise auf engstem Raum noch mehr zusammengewachsen.

Doch die Traumreise war, zumindest für uns, beendet.

Dann kam der von allen befürchtete Abschied. Die Crew saß im Flughafenbus, der Skipper blieb mit hängenden Schultern zurück. Tränen flossen. Zwei Stunden später hob unser Flugzeug ab.

Im Steigflug sahen wir ein kleines blaues Segelschiff unter Segeln. Das musste er sein! Auf dem Weg nach Korsika und einer langen, abenteuerlichen Reise nach Griechenland. Alle erdenklichen gute Wünsche begleiteten ihn und seine »Nui Moana«.

Wieder zurück auf unserer Insel fanden wir trotz der Erlebnisse schnell wieder in den griechischen Alltag zurück. Die Versorgung unseres Hauses war nicht ganz so verlaufen, wie wir uns das vorgestellt hatten. Einige neu gepflanzte Sträucher hatten die mangelhafte Pflege nicht überstanden. Die Wochen der Abwesenheit hatte auch dem Haus nicht gut getan. Trotz der vorherigen, kontinuierlichen Pflege war, an mir bekannten Stellen, die Farbe abgeblättert. Bei den herrschenden Temperaturen und der aggressiven Seeluft ein ständig wiederkehrendes Problem, dass mir seit Jahren bekannt war.

Also, wieder einmal hieß es, den Pinsel schwingen und die entsprechenden Stellen auszubessern und überzustreichen. Langsam verlor ich die Lust an den immer wiederkehrenden Arbeiten.

Unsere Gedanken waren überlagert von der Frage, wie es unserem Sohn auf der langen Fahrt zu uns erging. Die einzige Möglichkeit, mit ihm den Kontakt aufrecht zu halten, waren Mails.

Das war jedoch nur sporadisch möglich, denn er war nur

in Häfen mit entsprechender Internetverbindung zu erreichen.

Die ersten Meldungen von ihm waren durchaus positiv. Er hatte die erste Etappe nach Korsika überwunden und sich offensichtlich mit der Situation abgefunden, allein zu sein, niemanden um Rat fragen zu können und mit den Widrigkeiten des Mittelmeeres zurechtzukommen.

In den nächsten Wochen war seine Reise bei uns das beherrschende Thema. Zwar gingen wir unseren Alltagsgeschäften wie Schule, Arbeiten am Computer und Instandhaltung des Hauses nach, aber dieses nur halbherzig. In unseren Gedanken und endlosen Gesprächen tauchten immer wieder dieselben Fragen auf: »Wo ist er? Wie geht es ihm? Wie ist das Wetter? Hat er schon gemailt«?

Die technischen Möglichkeiten des Internet ausnutzend, konnten wir zumindest die Route verfolgen, Wetterberichte einholen und uns Bilder von den Häfen ansehen. Es half ein wenig, eine gewisse Nähe herzustellen. Aber wie gesagt, nur ein wenig!

Natürlich kamen uns immer wieder die Aussagen einiger Verwandter in den Sinn. War es wirklich von uns unverantwortlich, einen so jungen Mann einem solchen Abenteuer auszusetzen und ihn in seiner Entscheidung noch zu unterstützen? Noch waren wir uns einig. Wir hatten nicht nur in ihn, sondern auch in seine seglerischen Fähigkeiten ein großes Vertrauen.

Im Laufe seiner Reise veränderte sich der Inhalt seiner Mails. Unser Sohn berichtete von Stürmen auf hoher See vor der italienischen Küste, zwei Meter hohen Wellen und der Problematik, mit einer kleinen Segelyacht diese zu bewältigen. Eine Nachtfahrt bei der Überquerung des Ionischen Meeres von Italien zu der griechischen Insel Lefkas hatte ihm besonders zugesetzt. Das Schlafen war bei einem regen Schiffsverkehr nur im Zehn-Minuten-Takt möglich, die Einsamkeit des Meeres und die Verantwortung für sich und das Schiff hatte ihn an der Rand der physischen und psychischen Leistungsfähigkeit gebracht.

Diese Nachrichten trugen nicht zu unserer Beruhigung bei. Wie sollten wir auf die anschließenden Mails mit der Erkenntnis »Ich kann nicht mehr« reagieren?

Endlose Diskussionen zwischen meiner Frau und mir folgten. Mehr als fünfhundert Kilometer Seeweg lagen noch bis zum Erreichen seines Zieles vor ihm. Sollten wir dem Signal unseres Sohnes, dem elterlichen Reflex folgen und ihm beistehen? Ein Abbruch der Reise oder eine Unterstützung durch mich wäre eine logische Konsequenz gewesen.

Aber da gab es noch einen Traum, den es für unseren Sohn zu erfüllen gab. Den Traum allein, ohne uns oder Freunde, zu verwirklichen. Welche Folgen würde es für sein späteres Leben haben, diesen Traum nicht bis zum Ende durchgeführt zu haben?

Wir versuchten mit langen Mails ihn für eine Fortsetzung zu motivieren, denn für uns kam nach langen Überlegungen ein Abbruch oder Unterstützung nicht in Frage. Eine harte Entscheidung für unseren Sohn und auch für uns!

Offensichtlich hellte sich seine Stimmung etwas auf. Das Erreichen der griechischen Küste, die Fahrt durch die Straße von Korinth und das absehbare Ende der Reise motivierten ihn.

Dann endlich! Am Ende der Bucht von Lakki tauchten zwei kleine Segel auf. Wir standen ungeduldig an Land und konnten es kaum erwarten, unseren Sohn zu begrüßen.

Drei Monate lagen nach unserer Abreise von Nizza hinter uns. Monate, die den Skipper über Korsika, an der italienischen Küste entlang, durch die Straße von Messina, über das Ionische Meer bis zu unserem Heimatort geführt hatten. Mehr als zweitausend Kilometer – und das Allein!

Wir hatten ihn als jungen Erwachsenen verabschiedet und jetzt empfingen wir einen Mann. Geprägt durch Stürme und Flauten, einsame Stunden und alle Höhen und Tiefen, die der Einhandsegler durchgemacht hatte.

Unsere und vor allem seine Traumreise war zu Ende.

Wir waren glücklich, ihn in die Arme nehmen zu können.

Kapitel 8

Die letzten warmen Tage des Herbstes waren ausgefüllt mit Wanderungen, Radtouren und genießen des Familienlebens.

Die Pläne unseres großen Sohnes hatten sich geändert. Trotz der Begeisterung für das Segeln, wollte er im wahrsten Sinne hoch hinaus.

Sein neuer Berufswunsch war, Pilot bei der Lufthansa zu werden. Die nächsten Monate sollten als Vorbereitung auf die umfangreichen Prüfungen und Qualifikationen genutzt werden.

Wir waren überrascht von der Wendung in der Zukunftsplanung und dem neuen Berufsziel. Vom Berufsziel Bootsbauer zum Piloten – warum nicht? Für uns hatte es den Vorteil, dass wir die nächsten Monate bis zu den Prüfungen im nächsten Jahr zusammen sein konnten.

Für den Jüngsten in unserer Familie war die Entscheidung seines Bruders eine gute Motivation. Gab es in dem Zusammentreffen der letzten Jahre immer wieder Streitigkeiten unter dem Motto »Ich bin der Platzhirsch«, war eine neue Harmonie nicht zu übersehen. Der Schulbesuch hatte ihm gutgetan.

Seine Griechischkenntnisse waren enorm fortgeschritten und die Integration in die Gemeinschaft schon fast gelungen. Für uns war ein wichtiger Indikator die häufigen Einladungen zu Geburtstagsfeiern seiner Schulkameraden. Offensichtlich hatte er Freunde gefunden, die ihn als Ausländer und Klassenkameraden akzeptierten. Das aus der Gesamtsituation resultierende Selbstvertrauen stärkte ihn in den verbalen Auseinandersetzungen mit seinem Bruder.

Seine Leidenschaft war der Sport. Er hatte Fußball als seine neue Leidenschaft entdeckt. Ich konnte dem nur zustimmen, denn ich war auch mehr als fünfundzwanzig Jahre von dem runden Etwas fasziniert gewesen. Meine Erfahrung als Spieler und dann als Trainer einer Jugendmannschaft waren mir durchaus positiv in Erinnerung.

Auf einem kleinen Mehrzweckplatz, sogar mit einer Flutlichtanlage abends beleuchtet, fand sich nach der Schule eine Gemeinschaft zusammen, die unter Anleitung einiger griechischer Väter dem Ball hinterherrannten.

Der mit Kunstrasen ausgelegte Platz war allerdings in die Jahre gekommen. An einigen Stellen hatte sich der Rasen gelöst, die Schäden konnten aufgrund der miserablen Finanzsituation des Staates und damit auch der zuständigen Gemeinde jedoch nicht repariert werden.

Nach deutschen Sicherheitsstandards wäre der Platz schon längst gesperrt worden. Zumal die Pfeiler der Flutlichtanlage auch noch innerhalb des Spielfeldes standen. Dem Bewegungsdrang der Kinder taten diese Missstände jedoch keinen Abbruch. Sie hatten einen Ball und zwei Tore!

Wie vom Himmel gefallen, tauchte plötzlich ein Trainer auf, der den Kindern den Umgang mit dem Ball beibringen wollte. Er stellte sich den Eltern vor, war aber auch den Meisten bekannt. Ein ehemaliger Profikicker der höchsten griechischen Liga.

Mir war dieser Mann vom ersten Augenblick an unsympathisch. In einem Gespräch, er sprach etwas Englisch, versuchte ich, mehr über ihn zu erfahren. Auffällig war von Anfang an, dass er einen direkten Blickkontakt weder suchte, noch aufrechterhalten konnte. Für mich kein gutes Zeichen.

Mit Argusaugen beobachtete ich die ersten Trainingseinheiten. Sie entsprachen jedoch nicht meinen Vorstellungen. Die Kinder wurden in einem, mir unbekannten, Befehlston hin und her gescheucht, um dann bereits nach wenigen Minuten ohne konkrete Anleitung ein Spiel zu beginnen. Mit einem auf einer Bank sitzendem und sprachlosen Trainer, der sich lieber mit den Anwesenden unterhielt. Ein Konzept war nicht zu erkennen.

Meine Gedanken dazu behielt ich für mich. Die Motivation unseres Jüngsten wollte ich nicht herabsetzen.

Außerdem fühlte ich mich als Gast auf dieser Insel.

In dieser Phase der nationalen Finanzproblematik und der offensichtlichen Diskrepanz zwischen den Entscheidungen der EU, der Rolle der deutschen Regierung, und den Griechen wollte ich nicht als besser wissender Deutscher auftreten. Zu oft hörte ich in den Diskussionen am Straßenrand oder im Kafenion die Namen Merkel und Schäuble. Was blieb, war ein ungutes Gefühl.

Viel zu schnell musste unser Großer zu den Prüfungen bei der Lufthansa in seine zweite Heimat. Oder war es die erste? In den Diskussionen zu diesem Thema kamen wir nicht zu einem einheitlichen Schluss. Zu sehr waren wir hin- und hergerissen. Maximilian hatte seine Perspektive in Deutschland und das würde auch voraussichtlich auch so bleiben. Alexander in Griechenland und wir?

Wir fühlten uns wohl, hatten Freunde, oder zumindest gute Bekannte, gefunden. Genossen das ruhige und friedliche Leben und konnten uns zu dem damaligen Zeitpunkt nicht vorstellen, wieder nach Deutschland zurückzukehren. Es war schwer innerhalb unserer Familie eine einheitliche Strategie zu entwickeln, denn die perspektivischen Aussichten waren zu unterschiedlich.

Das Segelschiff, das uns in dem Sommer bei der Fahrt durch Frankreich sehr ans Herz gewachsen war, hatten wir in den geschützten Fischerhafen von Panteli an den Pier gelegt.

Nicht, ohne die uns bekannten Fischer um Erlaubnis zu fragen. Ich wusste, die Fischer dieses kleinen Ortes waren eine kleine Gemeinschaft, die sich zwar nicht sonderlich wohl gesonnen war, aber absolut nicht leiden konnten, wenn sich ein Segelboot eines Ausländers zwischen ihre Boote legte.

Alle von mir Befragten reagierten jedoch sehr positiv auf mein Ansinnen und schlugen mir verschiedene Plätze vor. Ich entschied mich für den Platz neben Savas. Ein noch jüngerer Fischer mit einem Fischereiboot und einem nostalgischen Kutter für Ausflugsfahrten zu den Nachbarinseln.

Ein Vorteil war meine Bekanntheit und mir war klar, dass jeder in diesem Hafen ein oder auch mehrere Augen auf das kleine Schiff warf. Für mich beruhigend, denn ich konnte nur einmal täglich schauen, ob alles in Ordnung war. Die Taue kontrollieren, kleine Reparaturen ausführen und das Boot wöchentlich reinigen.

Die täglichen Kontrollgänge wurden zur Routine. Bei Wind und Wetter kam ich meiner Aufsichtspflicht nach, während der Schiffseigner in Deutschland weilte und seinen Beschäftigungen nachging.

Bei einem dieser Kontrollen stand ich vor dem Schiff, schaute wie immer nach den Tauen und dem Allgemeinzustand. Aber irgendwie hatte ich ein ungutes Gefühl. Alles sah ganz normal aus, doch etwas stimmte nicht! Besorgt ging ich an Bord, um die Einstiegsluke zu öffnen.

Ein Schreck durchfuhr mich, das Schloss war aufgebrochen. Ich öffnete die Luke und bei dem sich mir bietenden Anblick verfiel ich in eine Starre. Das Schiff war leer!

Bei der näheren Besichtigung registrierte ich, dass alle, aber wirklich auch alle Utensilien und Ausrüstungsgegenstände fehlten. Der Kocher, die Batterien, die Segel, die gesamte Elektrik, der Kompass, die Sprechfunkanlage, das Dingi – alles war weg!

Wie konnte das sein? Wir lagen zwischen Schiffen, die nicht nur neuer und besser ausgestattet waren und deren Luken teilweise nicht verschlossen waren. Und ausgerechnet unser kleines Schiff war komplett ausgeraubt worden! Ungläubig und deprimiert versuchte ich mit dieser Erkenntnis klar zu kommen. Doch was sollte ich tun?

Die ersten Gespräche mit den herbeigeeilten Fischern brachten außer ungläubig dreinschauenden Gesichtern und allgemeinem Schulterzucken keine Klarheit. Fakt war, hier konnte ich keine Hilfe bekommen. Was mir blieb, war der Gang zur örtlichen Polizei.

Nach der ausgiebigen Schilderung des Raubes vor mehreren Polizeibeamten war man sich einig, mir nicht helfen zu können. Das sei ein Fall für die Hafenpolizei!

Auf dem Weg zu dieser machte ich noch einen kurzen Stopp in unserem Haus, um mich mit den möglicherweise notwendigen Schiffspapieren auszustatten. Meine Frau musste wohl an meinem Gesichtsausdruck bemerkt haben, dass etwas Ungewöhnliches passiert war. Mit Entsetzen reagierte sie auf meine Schilderung. Fragen über Fragen prasselten auf mich ein. Doch was sollte sich sagen? Ich war genauso ratlos wie sie.

Mein wieder erwachter Tatendrang führte mich dann doch sehr schnell zur Hafenpolizei. Hier herrschte eine große Betriebsamkeit. Geschäftig liefen die Polizisten hin und her, telefonierten oder waren in lebhafte Gespräche vertieft.

Ich fand auf die Versuche, meinem Anliegen Gehör zu verschaffen, kaum eine Gelegenheit und wurde auf einem alten, durchgesessenem Sofa platziert.

Da saß ich nun, hatte den Kopf voller Gedanken und wartete auf eine kompetente Person, der ich das Problem schildern konnte. Ein Zustand, der mir absolut nicht gefiel!

Nach einer gefühlten Stunde, es waren wohl nur dreißig Minuten, bat mich ein Polizist in sein spärlich eingerichtetes Büro.

Wieder erzählte ich meine Geschichte. Er hörte sich mein Problem an, machte sich einige Notizen, schüttelte mehrmals mit dem Kopf und forderte mich dann auf, mich erst einmal auszuweisen und die Schiffspapiere vorzulegen.

Nach eingehendem Studium der Unterlagen stellte er fest, dass ich nicht autorisiert sei, eine mögliche Anzeige aufzugeben. Er brauche eine Vollmacht des Schiffseigners.

Das war eine Aussage, die meinen Adrenalinspiegel steigen ließ. Die Lust, mit einem untergeordneten Beamten zu diskutieren, verging mir augenblicklich. Ich wollte den Chef der Hafenpolizei sprechen!

Nach einiger Zeit erschien der Mann. Ich kannte ihn vom Sehen. Sein Kennzeichen war eine immer etwas schief auf dem Kopf sitzende Perücke und der ständig mürrische Gesichtsausdruck.

Wieder die komplette Schilderung des Raubes.

Mein Fehler war, ich merkte es sofort, der Hinweis auf die übliche Reaktion der deutschen Polizei. Ich war einfach nur sauer wegen der mangelnden Bereitschaft sich dieses Problems unverzüglich anzunehmen und schilderte ihm die mögliche Reaktion in unserem alten Heimatland. Nämlich sofort zu dem Objekt des Raubes zu fahren, um vor Ort den Tatort zu sichern und Spuren aufzunehmen.

Er reagierte mit einem unmissverständlichen Vortrag, der meine Position entschieden zurückwies und in der er mir eindeutig klarmachte, dass wir nun einmal in Griechenland lebten und ich mich gefälligst an, zumindest in diesem Falle, seine Spielregeln zu halten habe.

Nach diesem Austausch unserer unterschiedlichen Meinungen beruhigten wir uns wieder. Erneut machte ich ihm klar, dass doch offensichtlich der Name des Schiffseigners und der meine identisch waren.

Er verstand meine Argumentation und erklärte sich bereit, ein offizielles Protokoll aufzunehmen. Selbstverständlich sei eine Inaugenscheinnahme des Tatortes notwendig, aber er sei in der misslichen Lage, nur über ein Fahrzeug zu verfügen. Und das sei gerade in einem anderen Einsatz unterwegs.

Wieder wurde ich auf dem, mir schon ausreichend bekannten, Sofa platziert. Immerhin mit einem Kaffee versorgt. Nach vier Stunden Wartezeit kam endlich das besagte Auto und mit einem Polizisten fuhren wir zu dem Objekt. Nach insgesamt drei Fotos war die Besichtigung des Schiffes allerdings schon wieder beendet.

Mein Hinweis auf die reichlich vorhandenen Schuhabdrücke fand keine Beachtung. Mit der bekannten Floskel: »Sie hören von uns«, verabschiedete er sich und ließ mich mit meinem Tatendrang allein.

Die anschließenden Diskussionen mit meiner Frau und unserem zwischenzeitlich informierten Sohn waren weiterhin von großer Ratlosigkeit geprägt.

Der Schaden war zu groß, um an einen Neukauf der

gestohlenen Materialien zu denken.

Was sollte jetzt mit dem Schiff passieren? Immer wieder ging mir der Raub durch den Kopf. Der oder die Täter mussten für ihre Aktion mehrere Stunden und ein Auto benötigt haben. Sehr präzise waren die Armaturen herausgeschraubt und für das Gewicht der Batterien und Segel wurde mit Sicherheit ein Transportmittel benötigt.

Unvorstellbar, dass keiner der Anwohner und anderen Bootseigentümer das nicht bemerkt hatten!

Nach den Erfahrungen mit der Polizei war ich nicht bereit, nun auf irgendwelche Ergebnisse bei der Auffindung der Täter zu warten. Meine Idee, durch ein Flugblatt die Inselbewohner zu informieren, wurde umgehend in die Tat umgesetzt. Wir sind ja schließlich vom Fach.

Eine Belohnung von fünfhundert Euro erschien uns für die Ergreifung der Täter sinnvoll. In einem kleinen Nebensatz richteten wir uns direkt an den Dieb. Wir stellten in Aussicht, dass wir auf eine Strafverfolgung verzichten würden, wenn er uns das Diebesgut zurückgab.

Einige Tage war ich mit dem Fahrrad unterwegs, um die Flugblätter auf der gesamten Insel zu verteilen. Konnte mir jedoch nicht verkneifen, dem Polizeichef auch eines zu überreichen.

Tagelang warteten wir auf eine positive Nachricht. Bis wir einen Anruf erhielten. Es war schon spät am Abend und bereits dunkel. Eine griechische Stimme meldete sich. Da ich wieder einmal nichts verstand, reichte ich das Telefon an unseren kleinen Übersetzer weiter. An seinem Gesicht merkte ich, es musste etwas Ungewöhnliches sein. Kaum zu fassen, es war der Dieb!

Dieser entschuldigte sich. Er habe das Schiff ausgeraubt, weil er geglaubt habe, es sei ein Boot der Flüchtlinge.

Eine dümmere Ausrede war ihm wohl nicht eingefallen!

Wenn wir alle geraubten Ausrüstungsgegenstände zurückhaben wollten, sollten wir in einer Stunde an einer abgelegenen Straße von Lakki sein. Wir würden dort alle Gegenstände finden.

Fassungslos starrten wir das Telefon an. Ein paar Minuten brauchten wir, um das eben Gehörte zu verarbeiten.

Hektik setzte ein. Wir mussten sofort zu der beschriebenen Straße, um sicher zu sein, dass uns der Anrufer nicht in die Irre geführt hatte.

Doch wie sollten wir, oder in diesem Falle ich, dort hinkommen? Mit meinem Fahrrad war ein möglicher Transport nicht zu bewerkstelligen.

Hanna fiel mir ein. Eine stattliche Frau aus Schweden, die über ein Auto verfügte und für die Aktion die Richtige war.

Nach einer kurzen Schilderung der sich jetzt überschlagenden Ereignisse war sie sofort bereit mir zu helfen. Bereits wenige Minuten später holte sie mich ab. Vorausschauend hatte ich noch zwei Taschenlampen mitgenommen. Man konnte ja nicht wissen, was uns erwartete.

Mit höchstmöglicher Geschwindigkeit fuhren wir zu dem beschriebenen Ort. Die Straßenbeleuchtung war bereits ausgeschaltet. Wir stiegen aus und suchten den Straßenrand ab. Hanna auf der einen, ich auf der anderen Seite. Es wurde immer dunkler und unheimlicher.

Wir hatten schon fast das Ende der Straße erreicht, als Hanna mit einem Aufschrei verkündete: »Da ist was!« Tatsächlich, im Schein der Taschenlampen sah ich die roten Säcke unserer Segel.

Etwas ängstlich, wir waren uns sicher der Dieb schaute uns aus sicherer Entfernung zu, nahm ich den Fund in Augenschein.

Ein wildes Durcheinander von Kisten, Tüten und lose hingeworfenen Ausrüstungsgegenständen. Ein schneller Check bestätigte mir, es fehlte fast nichts.

In Windeseile verstauten wir die Materialien im Kofferraum des Autos und waren nicht nur über den glücklichen Ausgang froh, sondern auch diesen unheimlichen Ort verlassen zu können.

Hannas Kommentar: »Jetzt brauchen wir erst einmal einen Ouzo!« Dem konnte ich nur zustimmen.

Einige Tage später, ich hatte das Schiff in eine sichere Werft schleppen lassen, erfuhren wir aus glaubhafter Quelle den wahren Hintergrund des Diebstahls und der erfolgten Rückgabe.

Ein Fischer aus dem Hafen Panteli hatte den Diebstahl beobachtet und einige Tage später unter Nennung des Namens des Diebes die Polizei angerufen.

Diese wiederum rief den Dieb an mit der Aufforderung, umgehend das Diebesgut zurückzugeben. Andernfalls sei mit ernsten Konsequenzen zu rechnen. Unglaublich, aber wahr!

Mein Gefühl von Recht und Ordnung war bei dieser Aktion völlig durcheinander geraten. Da beraubte ein Einheimischer ein Schiff im Werte von mehreren tausend Euro, war der Polizei bekannt und nach der Rückgabe sollte alles erledigt sein?

Ich kannte den Namen des Diebes nicht. Vielleicht auch besser so! Wir waren froh, zumindest den größten Teil der Ausstattung zurückbekommen zu haben.

Trotzdem mieden wir in den nächsten Wochen den Fischerort. Unser Vertrauen in die Menschen des Ortes war zerstört.

Auch Enttäuschung machte sich breit. Wir lieben diese Insel und hatten nie das Gefühl gehabt, dass wir hier nicht sicher seien.

Die Frage unseres Sohnes: »Müssen wir jetzt Angst haben, dass ein Einbrecher auch zu uns kommt?«

Eine sehr berechtigte Frage, denn sie war bezeichnend für unser Gefühlszustand.

Kapitel 9

Nahezu unbemerkt von der internationalen Öffentlichkeit, registrierten wir den ständig steigenden Zustrom von Flüchtlingen.

Die Zahl der am Strand liegenden Boote war nicht mehr zu übersehen. Gebaut aus Holz, Plastik oder auch aus Gummi, hatten alle Eines gemeinsam: Sie waren zerstört und immer fehlte der Motor. Welche dramatischen Geschichten mochten dahinterstecken?

Wie wir erfuhren, hatten hauptsächlich Menschen aus Syrien unter lebensgefährlichen Umständen die Flucht über die enge Passage zwischen der türkischen Küste und Leros gewagt.

Die Schlepper hatten die Boote kurz vor der rettenden Küste zum Teil zerstört und die Motoren versenkt. Kinder, Frauen und Männer konnten dann nur schwimmend das Ufer erreichen.

Zusammengepfercht in dem umzäunten Gelände der Hafenpolizei wurden die Flüchtlinge notdürftig versorgt. Wir sahen sie, auf Pappkartons liegend, notdürftig durch provisorisch gespannte Plastikplanen vor der immer stärker werdenden Sonne geschützt und konnten nur erahnen, wie es den Menschen wirklich erging.

Mit zunehmender Zeit wurde bei uns der innere Zwang zu helfen immer größer. Wir konnten nicht mehr tatenlos zusehen, wie die Menschen in dem umzäunten Gehege, anders konnte man den Innenhof der Polizeistation nicht bezeichnen, leben mussten. Doch wie konnten wir helfen? Waren wir den besonderen Anforderungen gewachsen?

Auf unseren Reisen hatten wir viel Elend und Armut gesehen. Waren allerdings immer nur als Touristen unterwegs gewesen, die in ihr wohlbehütetes Deutschland zurückkehrten. Jetzt aber hatten wir die menschlichen Schicksale direkt vor der Tür. Eine komplett andere Situation.

Wir beschlossen, unsere Hilfe anzubieten.

Voller Tatendrang fuhren wir mit unseren Fahrrädern zur Hafenpolizei. Nicht wissend, was uns erwarten würde und wen wir ansprechen sollten.

Und dann waren wir plötzlich mitten drin. Von außen betrachtet, hatten wir nur eine größere Menschenmenge gesehen, doch jetzt waren wir umgeben von fünfhundert Menschen.

Umgeben von erwartungsvoll auf uns schauende Menschen fühlten wir uns hilflos und überfordert. Es herrschte eine Stimmung, die sich durch deprimierte Erwachsene, weinende Kindern und sich leise unterhaltene Jugendliche auszeichnete. Was sollten wir tun? Wir hatten keinerlei Erfahrung!

Polizisten waren bis auf den Bewacher des Eingangstores keine zu sehen. Inmitten dieses Chaos konnten wir drei Frauen entdecken, die hektisch versuchten, kleine Rationen an Milch zu verteilen.

Wir kannten diese, ebenfalls auf der Insel lebenden Ausländerinnen, vom Sehen. Unsere Frage, wo wir helfen konnten, wurde mit einem »Macht irgendetwas« beantwortet. Es blieb nichts anderes übrig, wir mussten selbst die Initiative ergreifen.

Eine einsame Palette mit Milch stand noch in einem als Zwischenlager deklarierten Raum der Hafenpolizei. Ansonsten war der Raum leer! Wieder die Frage: »Wie werden diese Menschen versorgt«? Mit der Milch und zufällig gefundenen Bechern machten wir uns auf den Weg zu den Kleinsten.

Jetzt bekamen wir einen intensiven Eindruck von dem Elend. Unglaublich, unter welchen Umständen die Menschen das Warten verbringen mussten! Doch warten auf was? Auf eine Registrierung und die Weiterfahrt mit einer Fähre Richtung Athen, um von dort aus einen Weg nach Nordeuropa zu finden.

Zwischen den wenigen Habseligkeiten, die die Flucht über Land und das Meer überstanden hatten, lagerten die Flüchtlinge auf Pappkartons, Plastik oder schmutzigen

Decken. Von einer sanitären Versorgung war nicht zu sprechen.

Es gab eine provisorisch aufgestellte Toilette und einen einsamen Wasserhahn, der inmitten des Geheges wohl das Wasser für einen Springbrunnen geliefert hatte.

Wir bahnten uns den Weg zu den Kindern. Mit großen, traurigen Augen nahmen sie dankend die Milch an. Kleinkinder, spärlich bekleidet in den Armen ihrer Mütter liegend, hatten ihre Notdurft »im Freien« erledigt und waren mit dem wenig vorhandenen Wasser notdürftig gereinigt worden. Frische Windeln waren leider nirgends zu finden.

Die Erwachsenen verhielten sich ruhig und blickten uns erwartungsvoll an. In den Augen der meisten war zu lesen, was sie in der vergangenen Zeit durchgemacht hatten.

Immer wieder fragten sie uns nach frischem Trinkwasser und Nahrung. Sie hatten Durst und Hunger! Doch was konnten wir tun? Außer der Milch hatten wir nichts anzubieten.

Wir waren jedoch nicht bereit, hier tatenlos herumzustehen und auf irgendetwas zu warten. Unübersehbar war die Menge an Müll, der sich über den gesamten Innenhof verteilt hatte.

Unsere Initiative der aktiven Müllbeseitigung wurde sofort von den Flüchtlingen unterstützt. Jugendliche und Kinder schienen nur auf eine Beschäftigung gewartet zu haben und boten ihre Hilfe an.

Innerhalb kürzester Zeit hatte sich ein unglaublicher Berg von Müll gesammelt und konnte in Containern entsorgt werden. Das Lager war zwar nicht schöner geworden, aber die Aktion wurde auch von den Erwachsenen wohlwollend registriert und die Jugendlichen versprachen, von nun an dafür zu sorgen, das der Müll permanent beseitigt werden würde.

Wie zur Belohnung kam plötzlich ein Lieferwagen vorgefahren. Eine Griechin stieg aus und öffnete die hinteren Wagentüren. Sie hatte in einem nahegelegenen Supermarkt Unmengen von Toastbrot und Käse eingekauft.

Zügig wurde diese kleine Mahlzeit an die Flüchtlinge verteilt und dankbar angenommen. Es sollte die einzige Mahlzeit des Tages sein!

Auf unsere Frage an die Frau, wer diese Lieferung bezahlt habe, lächelte sie vielwissend und verschmitzt: »Na, wer denn wohl? Ich! Es gibt keine Gelder vom Staat oder von der EU für diese Flüchtlinge, aber wir können diese Menschen doch nicht verhungern lassen!«

Zufrieden mit unserem heutigen Einsatz begaben wir uns auf den Heimweg, denn unser bestimmt hungriger Schüler wartete auf sein Mittagessen. Es gab kein Toast, sondern eine köstliche Gemüsesuppe mit entsprechender Einlage. Welch ein Privileg!

Der noch verbleibende Nachmittag und Abend verlief in einer eigenartigen Atmosphäre. Meine Frau und ich hatten noch mit den Eindrücken des Tages zu kämpfen. Es war eine Mischung aus der Erkenntnis etwas sehr Sinnvolles getan zu haben, aber auch die Resignation, den Menschen nicht wirklich helfen zu können.

In unseren Gesprächen stellten wir fest, dass meine Frau offensichtlich besser mit der Situation zurechtkam. Während sie sehr pragmatisch das Erlebte einordnete, war ich emotional ziemlich angeschlagen.

Zu viele Fragen gingen mir durch den Kopf. Fragen, auf die ich keine zufriedenstellende Antwort fand. Immer wieder kamen die Bilder des heutigen Tages. Bilder, mit denen ich in meinem bisherigen Leben noch nicht konfrontiert worden war.

Bilder von Menschen auf der Flucht mit einem Minimum an Habseligkeiten und mit der einzigen Hoffnung, möglichst bald wieder eine Heimat zu finden, die dem menschlichen Grundbedürfnis nach Geborgenheit und Sicherheit entsprechen würde.

Wir beschlossen nach eingehender Debatte, dass wir unsere begonnene Hilfsaktion fortführen und unseren kleinen Beitrag leisten würden, soweit die uns wichtige Funktion als Eltern eines kleinen Sohnes das erlaubte.

Nach einer unruhigen Nacht mit wenig Schlaf fuhren wir mit gemischten Gefühlen erneut mit unseren Rädern zu dem Flüchtlingscamp der Hafenpolizei. Was würde uns heute erwarten?

Bereits der erste Eindruck war deprimierend. In der vergangenen Nacht waren weitere fünfzig Menschen angekommen. Familien mit Kleinkindern, völlig durchnässt, dehydriert und noch nicht einmal entsprechend versorgt.

Die Versorgungslage hatte sich nicht verbessert. Es war zwar wieder etwas Milch, woher auch immer, angekommen, aber weitere Nahrungsmitteln nicht. Es blieb nichts anderes übrig, als mit den wenigen Mitteln zu versuchen, den Menschen zu helfen. Dazu gehörten der Kontakt, das Gespräch, das einfach nur Zuhören.

Dankbar nahmen die Angesprochenen das an. Ihre Berichte des Erlebten hörten sich an wie aus einer anderen Welt. Einer Welt, die so anders war, als wir sie bisher kennengelernt hatten. Berichte aus ihrem Heimatland Syrien, die uns an einen schlechten Horrorfilm erinnerten.

Wir hörten von Bombenangriffen in den Städten, der Erschießungen von Angehörigen, der Verfolgung durch verschiedene militärische Organisationen und einem Leben in Angst. Angst um die Familie und das eigene Leben.

Fassungslos versuchten wir das Gehörte zu verarbeiten. Als Nachkriegsgeneration kannten wir die Erlebnisse unserer Eltern; wenn auch nur in Bruchstücken. Jetzt hatten wir Menschen vor uns, die unmittelbar die Grauen des Krieges und die Flucht über das Meer erlebt hatten. Die Augen der Menschen spiegelten das Erlebte wider.

Es war schwer, sich wieder um das Naheliegende zu kümmern: der Hilfe. Manchmal hatte ich das Gefühl, überfordert zu sein. Wir waren fünf Frauen und ein Mann, die sich um mehr als fünfhundert Flüchtlinge kümmerten.

Ein krasses Missverhältnis, erst recht unter dem Aspekt, dass wir außer unseren Händen und dem Willen zuzuhören, nichts zu bieten hatten.

Selten habe ich mich so hilflos gefühlt.

Irgendwie hatte es sich unter den Flüchtlingen herumgesprochen, dass wir Deutsche waren. Automatisch rückten wir in den Vordergrund. Denn wir kamen aus dem Land, dass das Ziel ihrer Flucht und auch ihrer Träume war.

Immer wieder wurden wir angesprochen, Näheres aus unserem Land zu erzählen. Einem Land, dem wir schon seit einiger Zeit verlassen hatten.

Doch was sollten wir auf die vielen Fragen antworten? Sollten wir ihnen die Illusion und damit die Motivation nehmen und ihnen von Hartz IV und der Problematik am Arbeitsmarkt berichten? Wir waren keine Psychologen, die für solche Situationen geschult sind.

Warum Deutschland von vielen als das »Paradies« angesehen wurde und von welchen Quellen das ausging, war mir nicht zu erklären. Ich konnte jedoch nicht widerstehen, die Verhältnisse aus meiner Sicht in dem mir noch wohlbekannten Land zu schildern.

An den Reaktionen merkte ich jedoch sehr schnell, dass meine Schilderung nicht unbedingt dem entsprachen, was die Flüchtlinge hören wollten.

Die Zusammenarbeit mit der Hafenpolizei war nicht ganz unproblematisch. Natürlich war der Innenhof ihr Refugium und somit hatten sie das Sagen.

Da es aber an klaren Anweisungen haperte, waren die Polizisten offensichtlich mit der ständig wachsenden Anzahl von Flüchtlingen auch überfordert. Anordnungen wurden erteilt, um aber kurzfristig wieder zurückgenommen zu werden.

So zum Beispiel die Aufforderung an uns zur Registrierung. Verständlicherweise folgten die anwesenden Helfer dieser Aufforderung. Nach Legitimation durch Ausweise erhielten wir die offizielle Genehmigung, uns im Bereich der Polizeistation aufzuhalten.

Am nächsten Tag staunten wir allerdings über diese Maßnahme, denn wir wurden aufgefordert, sofort den Innenhof zu verlassen. Keiner der von uns Befragten konnte uns eine plausible Erklärung dafür geben. Was blieb uns übrig?

Wir standen ratlos außerhalb der Umzäunung und die Flüchtlinge innerhalb. Wir konnten bei allem Unverständnis und den damit verbundenen Diskussionen nur den Heimweg antreten.

Am nächsten Tag ließen wir es uns nicht nehmen, wieder zu versuchen unseren »Dienst« anzutreten. Als sei keine Anweisung erfolgt, konnten wir unter Nachweis unserer Legitimation den Innenhof betreten. Man hatte offensichtlich gemerkt, dass die freiwillige Anwesenheit der Helfer einen Sinn darstellte und die Arbeit der Polizisten erleichterte.

In den nächsten Tagen verbesserte sich die Versorgungslage der Flüchtlinge. Es gab zumindest ein Mittagessen. In einer Aluminiumschale befanden sich ein paar Nudeln, garniert mit Ketchup. Ein leriotisches Hotel hatte Speise zu einem Preis von über vier Euro geliefert.

Obwohl wir nun schon seit mehreren Tagen »vor Ort« waren, hatten wir das gesamte Procedere noch nicht verstanden. Wir sahen Polizisten mit Listen in dem Versuch die Flüchtlinge zu registrieren.

Einfach schien das aus sprachlichen Gründen nicht zu sein. Viele junge Flüchtlinge sprachen zwar ein gutes Englisch, die Polizisten meistens jedoch nicht. Mit Hilfe von Residenten der Insel, die sowohl arabisch als auch griechisch sprachen, versuchte man mit manchmal lautstarker Kommunikation die entsprechenden Formulare auszufüllen.

Alle zwei Tage wurden die registrierten Menschen mit dem großen Fährschiff, der »Bluestar«, nach Athen befördert. Was dort mit ihnen passierte, entzog sich unserer Kenntnis. Wahrscheinlich setzten sie ihre Flucht über die Balkanroute fort. Über zweitausend Kilometer lagen noch vor Ihnen.

Eine Entlastung für die Auffangstation ergab sich hierdurch nicht. Im Gegenteil. Täglich kamen mehr Flüchtlinge. Gerettet durch die griechische Küstenwache zogen sie in langen Kolonnen vom Schiffsanleger zu dem Refugium der Hafenpolizei. Meistens noch nass, teilweise ohne Schuhe und nur spärlich bekleidet. Ein deprimierender Anblick!

Und doch war in den Gesichtern ein Funken Hoffnung

abzulesen. Sie hatten die gefährliche Überfahrt über das Meer überstanden. Nicht zu sehen waren die Menschen, die es nicht geschafft hatten. Und davon wurde immer häufiger berichtet.

Die Aufnahmesituation vor dem Polizeigebäude wurde immer kritischer und die Stimmung gereizter.

Kaum ein Quadratmeter, der nicht belegt war. Hungrige Menschen, überforderte Polizisten und wir oft recht hilflos agierenden Helfer prägten die Situation.

Die umliegenden Grundstücke und Straßen wurden zu Lagerstätten mit Pappkartons und Plastikplanen zum Schutz vor der prallen Sonne. Und immer noch keine professionelle Hilfe in Sicht.

In den Sozialen Netzwerken hatte es sich herumgesprochen, dass der gesamte Bereich des Dodekanes unter einem enormen Flüchtlingsstrom zu leiden hatte. Es wurde nicht nur von den katastrophalen Umständen in Kos, sondern auch von Leros berichtet.

Das Positive daran war das Eintreffen von Hilfsgütern, die dringend gebraucht wurden. Hilfslieferung aus allen Teilen der Welt trafen ein. Zunächst in kleineren Mengen, die aber auch einen Beitrag zu einer Grundversorgung bildeten.

Die Bewertung der Insulaner war sehr unterschiedlich. Die Cafés und Geschäfte im Hafenbereich erfreuten sich an den gestiegenen Umsätzen. Teilweise schienen die Flüchtlinge über entsprechende finanzielle Mittel zu verfügen, sich selbst und ihre Familien mit dem Notwendigsten zu versorgen.

Insgesamt, so erfuhren wir in Gesprächen mit griechischen Bekannten und Geschäftsleuten, beurteilte man die Lage als sehr besorgniserregend. Die kurze Sommersaison hatte begonnen und die Befürchtung war, dass die Touristen durch die desolate Situation abgeschreckt würden.

Bei unseren Aktivitäten hatten wir einen anderen Eindruck. Das Interesse und die Hilfsbereitschaft vieler Touristen war bemerkenswert. Sie waren zu ihrem Vergnügen hier, um die Ruhe und Schönheit der Insel zu genießen und boten im Anblick der Situation spontan ihre Hilfe an.

Die Struktur unseres Lebens hatte sich verändert. Die dreimonatigen Schulferien unseres Jüngsten hatten begonnen. Der Tagesablauf wurde weiterhin bestimmt durch unseren morgendlichen Einsatz.

Nicht ganz einfach, denn wir standen täglich wieder vor der organisatorischen Aufgabe, wie wir die berechtigten Anforderungen unseres Sohnes nach Freizeitaktivitäten mit unserem Engagement koordinieren konnten.

Mit der vorhandenen Einsicht von Alexander schafften wir es, einen Kompromiss zu finden. Ein Vorteil war seine gelungene Integration in das griechische Leben. Problemlos konnte er durch Verabredungen mit seinen neuen Freunden die Zeit unserer Abwesenheit überbrücken.

Hilfreich war das Eintreffen weltweiter Hilfsorganisationen, die mit ihrer Kompetenz zu einer Entspannung der Flüchtlingssituation beitrugen. Eine Zeltstadt wurde errichtet und die Verantwortlichen übernahmen mehr und mehr die Organisation.

Nicht ganz problemlos, denn die Hilfsorganisationen arbeiteten nicht immer zusammen. Es gab Streitigkeiten, wer nun welche Aufgaben übernahm. Für uns nicht ganz einfach, denn wir waren in den Augen vieler zwar willkommene Helfer, aber gehörten keiner Organisation an.

Willkommen war uns deshalb die private Initiative ein großes Gebäude direkt im Hafen anzumieten, in der die enormen Mengen an Hilfsgütern verwaltet werden sollten. Spontan erklärten wir uns bereit, bei der Sortierung der Mittel zu helfen.

Vornehmlich aus skandinavischen Ländern erreichten Spenden die Insel. Fast täglich wurde Container angeliefert, die voll waren mit Kleidungsstücken, Erste-Hilfe-Artikeln, Babynahrung, Spielzeug, Schlafsäcken und Artikeln, bei denen man sich fragte, warum diese, manchmal unsinnigen, Gegenstände versandt wurden.

Bei dem täglichen Zustrom von Flüchtlingen wurden die Lieferungen dringend gebraucht. Die Frage war allerdings, wie die Güter in eine Ordnung gebracht und den Hilfebedürftigen zugeführt werden konnten.

Zusammen mit anderen, auf der Insel ansässigen Ausländern, versuchten wir ein System zu entwickeln. Wiederum nicht ganz einfach. Jeder hatte seine eigenen Vorstellungen von Ordnung und Organisation. Manchmal sehr abstruse!

Meine Frau und ich beschlossen, uns grundsätzlich aus organisatorischen Dingen herauszuhalten.

Wir wollten einfach nur durch unsere Arbeit einen kleinen Beitrag leisten, den Flüchtlingen zu helfen. Beobachteten allerdings sehr genau die Vorgänge bei der Einordnung der angelieferten Gegenstände. Es war schon erstaunlich, wie bei einigen Helfern eine plötzliche Kompetenz erwuchs.

Des Öfteren fragten wir uns, woher diese Kompetenz kam. Keiner von uns hatte jemals vor einer solchen Aufgabe gestanden, geschweige denn ein Großlager errichtet.

Endlose Diskussionen wurden geführt. Wie sollten die Schuhe gekennzeichnet werden? Wie die Sortierung nach Kindersachen, Männern und Frauen erfolgen? Wie kommen die Hilfsmittel schnellstmöglich an die darauf wartenden Flüchtlinge?

Alles Fragen, die nicht so einfach von uns zu lösen waren. Und doch kamen immer wieder »Anweisungen«, wie wir Was und Wie besser machen könnten.

Nun bin ich nicht unbedingt der geborene »Befehlsempfänger«. Zusammen mit meiner Frau nahmen wir uns eine Arbeit vor, bearbeiteten diese und ignorierten nach unserer Meinung unsinnige »Anordnungen«. Bei der Flut der eintreffenden Hilfsgüter war Tatkraft erforderlich und kein Kompetenzgerangel.

Diese selbsternannte Kompetenz konnte ich auch in den deutschen Medien feststellen. In Talkshows und Interviews mit wichtigen Personen hatte jeder die passende Lösung für die Flüchtlingskrise.

Es wurde von den Flüchtlingen gesprochen als sei es eine undefinierbare Masse von Lebewesen, die auf dem Weg nach Nordeuropa seien. Doch dieses waren Menschen!

Menschen mit ihren Ängsten, Träumen und Hoffnungen auf ein Leben in Sicherheit.

Woher kam diese Kompetenz? Hatten die klugen Leute jemals Kontakt mit den Geflüchteten gehabt? Jemals einen Menschen getröstet, der gerade seine Angehörigen verloren hatte? Ich glaube, in den meisten Fällen wohl kaum.

Bei einer kleinen Pause außerhalb des mittlerweile umzäunten Areals der kleinen Zeltstadt kam ein kleiner Junge zu mir. Völlig zerlumpt und ohne Schuhe. Mit großen Augen schaute er mich an und zeigte auf seine bloßen Füße.

Ohne Umschweife ging ich in das Lager, packte aus dem riesigen Bestand einige Kleidungsstücke zusammen und brachte diese dem Jungen. Ein Leuchten in seinen Augen war sein Dank.

Glücklich, zumindest einem Kind geholfen zu haben, kehrte ich an meinen Arbeitsplatz zurück. Zwei Damen einer Hilfsorganisation erwarteten mich und stellten mich zur Rede. Der Vorwurf: »Du kannst doch nicht einfach Hilfsmittel ohne unser Wissen einem Flüchtling geben! Das ist unser Job!«

Mein Adrenalinspiegel stieg. Ich wollte auf keinen Fall die Kompetenz der Organisation untergraben. Aber da hatte ein Junge mir gegenübergestanden, der Hilfe benötigte. Unmissverständlich erklärte ich den Damen, dass es nach meiner Ansicht für mich eine Selbstverständlichkeit sei, sofort zu helfen. Und das ohne Wenn und Aber. Zumal die Spenden von wohltätigen Menschen kamen, die nicht an offizielle Hilfsorganisationen gebunden waren.

Diesem Argument waren die Damen nicht aufgeschlossen. Ihre abschließenden Worte waren: »Das wird Konsequenzen haben!« Eine Aussage, der ich sehr gelassen gegenüberstand. Ich war ein freiwilliger Helfer, der, frei von allen Zwängen, seine Freizeit für die Hilfe einsetzte. Welche Konsequenzen sollte ich fürchten?

Fakt war: Ich hatte mir keine Freunde gemacht!

Kapitel 10

Die Einwohner von Leros erlebten eine turbulente Zeit. In den folgenden Monaten verweilten, unter teilweise katastrophalen Bedingungen, bis zu viertausend Flüchtlinge auf der Insel.

Während die Hilfsorganisationen versuchten, der Menge Herr zu werden, war es uns Helfern gelungen, unseren Bereich der Lagerung weitestgehend in den Griff zu bekommen.

Provisorische Regale wurden aus Paletten gezimmert, Kisten mit Hilfsgütern sortiert und der gewachsenen Struktur zugeordnet. Erstaunlich war die gute Qualität der Hilfslieferungen. Fast neue, teilweise kaum getragene Schuhe und Designermode, originalverpackte Kleidungsstücke und Accessoires zeugten von dem offensichtlichen Wohlstand der Spender.

Dann kam eine dynamische Frau in »unser Refugium« und stellte sich als neue Leiterin des Lagers vor. Sie habe beschlossen, dieses Projekt auf Vordermann zu bringen. Wer sie dazu auserwählt hatte, blieb uns unbekannt. Eine Erfahrung hatte sie, jedenfalls was die Organisation eines Großlagers anging, nicht.

Bereits an den nächsten Tagen wunderten wir uns über eine Vielzahl von an den Wänden hängenden Plakaten mit Anweisungen. Unsere Aufteilung und der aus unserer Erfahrung gewachsene Ablauf wurde komplett auf den Kopf gestellt. Die Waren sollten von links nach rechts transportiert werden, Regale an einer anderen Stelle platziert und ein Protokoll über die geleistete Arbeit des Tages erstellt werden.

Allgemeine Unmut machte sich breit. Wir waren Freiwillige, die in keinem Arbeitsverhältnis standen und selbstverständlich auch kein Entgelt für unsere Leistungen erhielten oder verlangten! Sollten wir diese, teilweise unsinnigen Anordnungen, befolgen?

Endlose Diskussionen waren die Folge.

Meine Frau und ich hielten uns wieder einmal, trotz aller natürlich auch bei uns vorhandener Kritik, aus den Gesprächen heraus und konzentrierten uns auf unsere Arbeit. In diesem Falle das Sortieren von Babykleidung. Selbst als erfahrener Vater mit zwei Söhnen hätte ich nie geglaubt, dass es davon so viele Ausführungen gibt.

Eine Nachricht verbreitete sich in Windeseile auf der Insel. Neben vier weiteren Standorten in Griechenland sollte auch auf Leros ein »Hotspot« für die Aufnahme von eintausend Flüchtlingen gebaut werden. Die wildesten Gerüchte kursierten. Wo sollte dieser errichtet werden? Wer betreibt ihn und wer hat die Aufsicht?

In unglaublich kurzer Zeit wurde ein Gelände auserkoren, betoniert und mehr als fünfzig kleine Häuser errichtet.

Wir bekamen den Auftrag, in einem der Häuser eine Außenstelle unseres Materiallagers einzurichten. Gespannt warteten wir auf eine erste Besichtigung.

Ausgestattet mit einem umfangreichen Fundus an gespendeten Hilfsmitteln fuhren wir zu unserer neuen »Arbeitsstätte«. Der erste Eindruck war überwältigend und sogleich auch beängstigend. Hier war, fast unbemerkt von den Inselbewohnern, eine kleine Stadt entstanden.

Auffällig war der zwei Meter hohe Zaun, der das gesamte Gelände eingrenzte. Gekrönt von einem Stacheldraht. Die Eingangstore wurden von Uniformierten bewacht und es machte insgesamt nicht den Eindruck einer Unterkunft für gestrandete Flüchtlinge, sondern eines Gefängnisses.

Die Besichtigung des uns zugewiesenen Hauses beeindruckte uns. Hier waren Häuser aus dem Erdboden gestampft, die mit allem Komfort ausgestattet waren. Zwei Zimmer, ein Essraum, ein voll eingerichtetes Bad und eine komplette Küche erwartete die Bewohner - oder besser gesagt, die Insasen.

Wir sollten das Haus zu einem leinen Lager einrichten. Doch mit welchen Materialien? Wieder einmal war Kreativität gefragt. Die einzige Möglichkeit bestand in der Verwendung von Paletten. Das Ablösen der Bretter war harte Männerarbeit, die mich bereits nach der ersten Palette überforderte.

Meine Aktivität hatte bereits einige von den jüngeren Flüchtlingen interessiert. Als sie mein vergebliches Bemühen sahen, boten sie spontan ihre Mitarbeit an.

Schweißgebadet zerlegten sie mit ihrer jugendlichen Kraft die massiv hergestellten Paletten, um mir dann freudestrahlend die Bretter zur weiteren Verarbeitung zu geben. Offensichtlich froh darüber, ihre überschüssige Kraft loszuwerden, zerlegten sie die letzten zur Verfügung stehenden Exemplare.

Während dieser Aktion hatte ich drei jüngere Frauen beobachtet, die auf dem Kies sitzend vor sich hinstarrten. Mehrmals versuchte ich, den Frauen einen Platz im Haus anzubieten, denn hatte zu regnen begonnen.

Jedoch erfolgte keine Reaktion. Nach Befragung der Jugendlichen stellte sich heraus, dass es sich um drei Schwestern handelte, die in der letzten Nacht bei der Überfahrt von der Türkei ihre Eltern verloren hatten.

Schockiert durch dieses hautnahe Erlebnis hatte ich die Motivation verloren, die Regale zu vollenden.

Die Leitung des Lagers hatte nach einigen Tagen das Militär übernommen. Wir waren als Zivilisten nicht mehr gefragt und hatten keinen Zutritt mehr.

Nach der Aufarbeitung der letzten Tage waren meine Frau und ich sicher, dass dieser »Hotspot« nicht nur für eine kurze Übergangsphase gebaut worden war. Die Zukunft sollte beweisen, dass wir mit unserer Einschätzung richtig lagen.

Wir versuchten weiterhin, unser Familienleben der geänderten Situation anzupassen.

Trotz aller Widrigkeiten, einem Wechsel von schönen und manchmal haarsträubenden Erlebnissen ist Griechenland, und ganz speziell Leros, zu unserer Heimat geworden.

ENDE Teil 2

Leros – die grüne Insel im Dodekanes

Zwischen Kos und Samos gelegen, verzaubert sie den Besucher schon beim ersten Anblick. Zu Recht wurde Leros als »Insel der Artemis« der Göttin der Jagd bezeichnet. Grüne Hügel mit mediterranen Wäldern ziehen sich von den Bergrücken zum Meer.

Die Insel mit ihren tiefgrünen Bergrücken, frischen Quellen und mediterranen Wäldern war - wie konnte es anders sein - einst der Jagdgöttin Artemis geweiht.

Bis an das Meer erstrecken sich grüne Ebenen mit Eichenhainen, Eukalyptusbäumen und Pinien. Die freundliche, friedliche Landschaft und das milde Klima der Insel versprechen Ruhe und Erholung für den Besucher.

Von der Natur wird Leros reich mit einer ausgeprägten Landschaft beschenkt. Tiefblaues, kristallklares Wasser, saubere Badestrände und hohe, üppig bewachsene Berge laden unternehmungslustige Urlauber und Wanderer ein.

Die Insel beeindruckt mit einer imposanten Ritterburg, klassizistischen Herrenhäusern, romantischen Häfen und der Hafenstadt Lakki, die durch ihren italienischen Baustil einzigartig im gesamten Mittelmeerraum ist.

Auf Leros herrscht das gemäßigte Mittelmeerklima mit milden, regenreichen Wintern und heißen Sommern.

Wer die Natur in voller Pracht erleben möchte, wählt einen Besuch in der Osterzeit. Es kann zwar noch etwas kühl sein, aber die Landschaft leuchtet in sattem Grün, Rot und Gelb. Die Häuser sind frisch gestrichen und bilden einen reizvollen Kontrast zur Landschaft.

Die Wassertemperaturen laden noch nicht zum Baden ein und einige Hotels und Restaurants sind noch geschlossen.

Ende Mai, wenn das Wasser eine angenehme Temperatur hat und die Insel aus ihrem Winterschlaf erwacht ist, ist wohl die schönste Zeit zum Wandern.

Die Hochsaison im Juli und August ist für den Wanderer nicht unbedingt empfehlenswert.

Der stetig wehende Nordwind macht die Temperaturen zwar erträglich, aber die Mittagszeit lässt sich am besten unter einem schattigen Baum am Meer ertragen.

Ab September bis Ende Oktober, wenn die Wassertemperaturen immer noch sehr angenehm sind, lassen sich auch wieder längere Wanderungen unternehmen. Die Insel erstrahlt in herbstlichen Farben und überall im Land herrscht reges Treiben bei der Olivenernte.

Die Inseln des Dodekanes sind sehr fruchtbar, da die Berge Kleinasiens größere winterliche Regenmengen bewirken.

Auf Leros findet der Besucher vorwiegend kleinere Wälder von Allepokiefern und Steineichen. Die Strände sind gesäumt von anspruchslosen Tamarisken. Platanen-, Zypressen-, Eukalyptus-, Johannisbrot und Maulbeerbäume sind heimisch. An Obstbäumen gibt es Granatapfel-, Feigen- und Zitrusbäume. Zahlreiche Olivenbäume sind Zeugen einer jahrhundertealten Natur.

Agaven und die Feigenkakteen mit ihren wohlschmeckenden Früchten säumen oft den Wegesrand. An Berghängen bilden trockene Kleinsträucher ein dorniges Gestrüpp, Erika und Flockenblumen sind die typischen Vertreter dieser Flora.

Überraschend farbenprächtig zeigen sich im Frühling die Blumen. Schon zu Beginn des Jahres zeigen sich Anemonen und Krokus.

Gefolgt von weiß- und rotblühenden, Margaritten, Narzissen, Anemonen und Ginster verzaubern die Landschaft in ein einziges Blütenmeer.

Mit etwas Glück findet der aufmerksame Wanderer an den Berghängen wilde Orchideen, deren Blütezeit von sehr kurzer Dauer ist. Im Juni neigt sich die Blütezeit ihrem Ende.

Jetzt haben Pflanzen wie die Bouganvillea, Oleander und Hibiskus ihren großen Auftritt.

Während der heißen Tageszeit betört der angenehm, würzige Geruch von Lavendel, Rosmarin, Thymian, Oregano und Kamille die Sinne.

Die Wanderpfade sind gesäumt von Salbei, Kapern und weiteren Gewürzpflanzen.

Im Spätsommer und Herbst beginnt nach dem ersten Regen die Pflanzenwelt wieder zu erwachen.

Für den Wanderer und Naturliebhaber ist Leros ganzjährig ein lohnendes Ziel. Die Insel mit ihrer Landschaft, Kultur und den gastfreundlichen Menschen zieht den Besucher in ihren Bann und lasst ihn häufig wiederkehren.